D1655288

Freie Waldorfschule Regensburg
Unterislinger Weg 32
93053 Regensburg
info@waldorfschule-regensburg.de

Siegfried Brockert

Verführung zum Glück

Siegfried Brockert

Verführung zum Glück

Anleitung für ein Leben,
das sich zu leben lohnt

Die Deutsche Bibliothek – CIP-Einheitsaufnahme

Brockert, Siegfried:
Verführung zum Glück : Anleitung für ein Leben, das sich zu leben lohnt /
Siegfried Brockert. – Landsberg – München : mvg, 2002
ISBN : 3-478-73340-5

© 2002 bei mvg im verlag moderne industrie AG & Co. KG, Landsberg – München

Alle Rechte, insbesondere das Recht der Vervielfältigung und Verbreitung sowie der Übersetzung, vorbehalten. Kein Teil des Werkes darf in irgendeiner Form (durch Fotokopie, Mikrofilm oder ein anderes Verfahren) ohne schriftliche Genehmigung des Verlages reproduziert oder unter Verwendung elektronischer Systeme gespeichert, verarbeitet, vervielfältigt oder verbreitet werden.

Umschlaggestaltung: Atelier Seidel, Altötting
Satz: mi/Echter
Druck- und Bindearbeiten: Himmer GmbH, Augsburg
Printed in Germany 73340/102402
ISBN 3-478-73340-5

Inhalt

Vorwort 9

Teil 1
Glück komm raus. Du bist umzingelt

1 Die Antwort ist „Ja".
   Was war die Frage? 13

2 Glück kann jeder spüren.
   Aber es gibt keine Glücksgarantie. 15

3 Lächeln Sie das Glück herbei 17

4 Jeder Mensch ist Psychologe.
   Was raten Sie gegen schlechte Stimmung? 22

5 Woher bekommen wir die guten Gefühle? 31

6 Glück ist egoistisch.
   Aber an sich selbst denken ist nicht einfach 39

7 Lotto, Horoskope, Glücksbringer:
   Wir sollten immer an das Glück denken 42

8 Ist Glück das Paradies auf Erden?
   Wie war das eigentlich im Paradies? 45

Teil 2
Glückserfahrungen im Alltag

9 Glück bei „la mama".
   Die Menschen, die einfach nicht krank wurden .. 53

10 Glück durch Selbstständigkeit.
    Eine Frau nimmt ihr Leben in die Hand 59

11 Glück ist ein Körpergefühl
und keine Kopfgeburt 71

**Teil 3
Wissenschaftlich erforschte Bausteine
für mehr Glück**

12 „Erleuchtung" im Licht einer 40-Watt-Birne 85

13 Was ist eigentlich Glück? 94

14 Glück als persönliches Wohlbefinden 98

15 Der Mensch ist auf Glück programmiert 104

16 Das Bild vom Glück bekommt Konturen 111

17 Täglich etwas fürs Glück tun.
So geht es 115

18 Was wissen wir jetzt über das Glück? 120

**Teil 4
Glück finden heißt zunächst einmal:
Glück empfinden**

19 Das Glück verteidigen gegen die
Glück-Produzenten 125

20 Unsere Fähigkeit, Glück zu empfinden 130

21 Unsere Fähigkeit, uns unglücklich zu machen 142

**Teil 5
Das schnelle oder das dauerhafte Glück?**

22 Jeder kann für 15 Minuten glücklich werden 157

23 Ein TEST:
Wie lebe ich glücklich? 165

**Teil 6
Die glückliche Art zu leben**

24 Welche Erfahrungen machen uns glücklich? 179

25 Die BIG FIVE eines glücklichen Lebens 189

26 Lebenspläne und Glück...................... 196

27 Der reife Mensch sagt „Ja" zu sich selbst 202

28 Leitbilder für eine Wende zum Glück 209

Literaturverzeichnis............................ 215

Stichwortverzeichnis 218

Vorwort

„Alle Menschen suchen Glück", sagt man. Dies Buch zeigt, wie man Glück nicht nur sucht, sondern findet. Glücklich leben – wie macht man das eigentlich? Diese Frage wird beantwortet. Es geht um

- gute Stimmung
- positive Gefühle
- nützliche Gedanken
- lohnende Ziele
- Körperglück
- Lustprinzip
- glückliches Lachen
- Lotto, Horoskope, Glücksbringer
- in Harmonie mit sich selbst leben und mit den Menschen, die uns etwas bedeuten
- Glückserfahrungen im Alltag
- warum Fitness und Wellness nicht wirklich glücklich machen
- tagtägliche Entscheidungen für oder gegen Glück
- Geld und Glück
- Glück in der Partnerschaft
- einen Glückstest
- das „schnelle" und das dauerhafte Glück
- sich wohl fühlen im Leben – gleich, was es uns bringt und von uns fordert

Dies Buch geht vom Einfachsten und Naheliegendsten aus. Und es stützt sich auf das Einfachste, das Naheliegendste: auf neue Forschungsergebnisse – einige aus unserem, dem dritten Jahrtausend: Fakten über das Glück. Sachdienliche Hinweise. Nachprüfbar. Nachlebbar. Und nach einigen, hoffentlich glücklichen, Lesestunden, werden Sie wissen:

- Aha, **so geht das** also, das glückliche Leben.
- Da kann ich **etwas tun** – für mich und für Menschen, die mir nahe stehen: Lebenspartner, Kinder und noch einige Menschen, die mir im Leben etwas bedeuten.
- Dies und jenes kann ich **genauso gut lassen**, denn es macht mich nicht glücklicher als ich schon bin.
- Ich habe eigentlich **immer gewusst**, was Glück ist.
- Aber ich habe vielleicht **zu selten daran gedacht.**

Öfter an das Glück denken, Platz dafür schaffen unter den Wichtigkeiten und Nichtigkeiten des Tages – das ist gemeint mit dem Titel des Buches: Verführung zum Glück.

Was Glück ist, muss jeder selbst für sich finden. Wissen über das glückliche Leben wird dabei helfen. Zum Glück aber kann man niemand zwingen – nur verleiten, verführen.

Glück ist schwer zu definieren, aber man kann *„mit dem Finger darauf hinweisen, es ist nicht nur zu fühlen, sondern auch zu sehen und zu hören. Es erscheint in den Augen eines Menschen, in seiner Stimme, an der Nasenspitze, um den Mund herum, in der Haltung"*, sagt Ludwig Marcuse.

Dies **„Nasenspitzen-Glück"** ist unser Thema. Andere Menschen strahlen es aus, wir können die(s) Strahlen empfangen und ebenfalls strahlen. Denn Glück ist ansteckend – eine **ansteckende Gesundheit.**

Es geht also um das ganz persönliche Glück, das eigene und das der Menschen, die uns nahe stehen. Wenn diese Menschen glücklich leben – Sie selbst, Ihr Lebenspartner, Ihre Kinder und noch einige Menschen, die Ihnen im Leben wichtig sind –, ist das Menschenmögliche erreicht.

Fangen wir also beim Naheliegendsten an – dem leider Allerschwersten: beim eigenen, beim ganz persönlichen Glück. Dazu aber müssen wir zu allererst uns selbst verführen.

Freude beim Lesen wünsche ich Ihnen.

Siegfried Brockert
München, den 1.1.2002

Teil 1

**Glück komm raus.
Du bist umzingelt.**

1 Die Antwort ist „Ja". Was war die Frage?

Erste Frage in einem Interview mit der Hamburger Journalistin Brigitte Eilert-Overbeck:

> *„Vor etwa 20 Jahren ist eine ‚Anleitung zum Un-Glücklichsein' erschienen. Kann es so etwas wie eine ‚Anleitung zum Glücklichsein' geben?"*

Erste Antwort:

> *„Ja und nein."*

Nein, weil Glück kein IKEA-Schrank ist, den jeder zusammenbauen kann, der sich an die Bauanleitung hält. Und dann sieht jeder Schrank so aus wie jeder andere.

Ebenfalls nein, weil wir bis vor kurzem zu wenig darüber gewusst haben, wie man das macht – glücklich leben.

Inzwischen ist die Menschheit vielleicht nicht klüger geworden, aber wissender. Es gibt eine neue wissenschaftliche Forschungsrichtung, die Positive Psychologie. Sie hat viel Wissen über das glückliche Leben, das sich zu leben lohnt, zusammengetragen. Das sind Mosaiksteine. Und daraus kann sich jeder Mensch sein Bild vom Glück zusammensetzen.

Die Antwort ist also: Ja.

Aber Glück ist keine Standardware. Glück ist etwas Persönliches. Jeder Mensch kann, jeder Mensch muss deshalb auch sein eigenes Glück schmieden.

Eine Anleitung kann helfen, den Schmiedehammer richtig zu halten und die richtigen Eisen ins Feuer zu legen.

Die Arbeit ist dann gar nicht so schwer. Sie macht mehr Spaß als Mühe. Denn jeder Mensch sucht Glück. Jeder Mensch hat angefangen, das Glück zu schmieden.

Schwerer ist es, einen Menschen zu überreden, durchzuhalten. Und am schwersten ist, sich selbst davon zu überzeugen, dass ein glückliches Leben, das sich zu leben lohnt, möglich ist. Das Beste ist: eine Verführung zum Glücklichsein.

2 Glück kann jeder spüren. Aber es gibt keine Glücksgarantie.

Schön wär's. Eigentlich müsste es das Paradies auf Erden geben. Wünschenswert wäre, dass jeder Mensch an jedem Ort zu jedem Zeitpunkt glücklich ist. Und wir selbst natürlich auch. Sowieso!

Aber so ist es nicht.

Und warum das nicht so ist, erklärt eine kleine Legende über das Leben. Sie beginnt mit der Frage:

Warum kommen alle Babys mit einer eingedrückten Nase auf die Welt?

Die Antwort:

Bevor wir auf die Welt kommen, haben wir im Paradies gelebt. Ein Engel bringt uns von dort herunter.

Und damit wir unser Leben lang nicht immer nur mit Heimweh im Herzen an das Paradies denken, sondern das Beste aus dem Leben auf der Erde machen, bekommt jedes Baby von dem Engel einen kräftigen Boxhieb auf die Nase, der alle Gedanken und Erinnerungen an das Paradies vertreibt.

Deshalb also kommen alle Babys mit einer eingedrückten Nase auf die Welt. Und die Geschichte lehrt uns sechs wichtige Dinge über das glückliche Leben:

1. Das Paradies auf Erden gibt es nicht. Für Glück gibt es keine Garantie.
2. Aber es gibt eine Vision vom Glück. Und die steckt in jedem Menschen. Sie ist angeboren und leitet unser ganzes Leben und Streben.

3. Nicht jeder Mensch wird an jedem Ort zu jedem Zeitpunkt glücklich. Und wir selbst auch nicht.
4. Engel sind gute Boxer. Der Faustschlag auf die Nase des Babys, wenn es auf die Welt kommt, ist kein K.o.-Schlag. Unsere Sinne sind wach. Schon Babys haben große Augen. Unsere Gefühle, unser Verstand werden wach.
5. Wir müssen, aber wir können auch etwas für unser Glück tun. Und da hilft sogar die Nase. Verhaltensforscher sprechen beim Gesicht eines Babys vom „Kindchen-Schema". Dies Gesicht – süßes Näschen, große Augen – erweckt spontan Glücksgefühle in anderen Menschen. Glücksgefühle aktivieren Pflege-Instinkte. Und das heißt:
6. Selbst ein hilfloses neugeborenes Kind kann schon viel für das eigene Glück tun. Ausreichend viel für die jetzt bestehenden Ansprüche. Denn viel Glück wird uns von anderen Menschen geschenkt.

Wenn wir sie dazu verführen.

3 Lächeln Sie das Glück herbei

Dieser Rat ist ernst gemeint. Er ist sogar wissenschaftlich abgesichert.

Studien an mehreren amerikanischen Universitäten darüber, was Menschen am anderen Geschlecht schön finden, haben das Übliche ergeben: Größe, Gewicht, so genannte Idealmaße. Aber ein freundliches Gesicht kann dies alles – fast alles – außer Kraft setzen.

Menschen reagieren auf ein freundliches Gesicht so positiv wie Eltern auf das Gesicht ihres Kindes: mit Zuwendung und als Glücksbringer.

Und Sie?

Machen Sie ein kleines Experiment – jetzt zum Beispiel: Schauen Sie einmal kurz in den Spiegel, zeigen Sie sich selbst ein freundliches Gesicht, lächeln Sie sich an. Was spüren Sie in Ihrem Herzen? Etwas mehr Glück? Wenn Sie jetzt darüber nachdenken, ob das geht oder nicht, werden Sie die Antwort nicht finden. Aber wenn Sie es bei Gelegenheit ausprobieren ...

Hier wirkt ein psychologisches Grundgesetz, das wir alle kennen – aber wir denken zu selten daran. Überlegen Sie einmal, was der Körper macht, wenn der Mensch glücklich ist. Dann lächeln wir, wir lachen, wir möchten uns bewegen, wie ein glückliches Kind möchten wir laufen, springen, tanzen.

So kann man Glücksgefühle regelrecht produzieren, sogar, wenn einem gerade gar nicht nach Fröhlichsein zumute ist.

Jemanden zum Glück verführen ist nicht leicht

Wo liegt der Grund dafür, dass fröhliche Gefühle entstehen? Gefühle und Stimmungen bilden sich tief im Körper, ziehen dann das Denken und Verhalten nach sich. Ein rascher Weg zu etwas glücklicheren Gefühlen führt also über den Körper. Er führt über die Mimik und Gestik und über die Bewegungen, die wir machen, wenn wir glücklich sind.

Und wenn wir den Körper dazu bringen, das zu tun, was er macht, wenn wir glücklich sind, schiebt er die glücklichen Gefühle an – sogar bei Menschen, die sich gerade etwas weniger glücklich fühlen.

Sie können jetzt wieder darüber nachdenken, ob das funktioniert. Sie werden vielleicht sagen: „So'n Quatsch."

Und was beweist das?

Dies war ein kleiner Versuch, Sie zu einem kleinen bisschen Glück zu verführen. Hat der Versuch geklappt? Sind Sie eben aufgestanden? Sind Sie vor zwei Minuten zum Spiegel gegangen und haben sich selbst freundlich angelächelt? Vermutlich nicht.

Und was beweist das?

Eines ganz sicher: Jemand auch nur zu einem kleinen bisschen Glück zu verführen kann verdammt schwer sein. Das Denken stemmt sich oft dagegen.

Aber keine Sorge, wenn Sie selbst einmal einen anderen Menschen zu etwas glücklicheren Gefühlen verführen möchten. Denn Sie wissen jetzt, wie es nur schwer oder oft gar nicht geht, nämlich so wie gerade eben mit Worten und Argumenten. Wählen Sie statt dessen den Weg über den Körper. Bringen Sie den Körper in Schwung, in Stimmung. Wie? Auch das haben Sie eben gelesen:

Verführen Sie den Menschen zum Lächeln, zum Lachen, dazu sich zu bewegen und sogar zu laufen, zu springen, zu tanzen – wie ein glückliches Kind ...

Der Kopf ist klüger als der Bauch. Legen Sie sich deshalb mit dem Schlaumeier, dem Kopf, nicht an. Wählen Sie den einfacheren Weg, den über den Körper.

Und wenn wir den Körper „auf unserer Seite haben", kriegt man den Geist schon herum. Denn der Klügere gibt nach ...

Mit den Gefühlen spielen – den eigenen

Gefühle – positive wie negative – erscheinen uns oft wie Urgewalten. Sie kommen über uns, glauben wir, wir empfinden sie als stark und uns als Opfer. In gewisser Weise können wir sie kontrollieren – unterdrücken ist damit dann meist gemeint.

Aber wie in unserem Beispiel (sich im Spiegel selbst anlächeln) schon gezeigt: In Wirklichkeit können wir mit unseren Gefühlen spielen. „Spielen" heißt nicht, sich selbst und anderen etwas vormachen, sondern eine Sache um ihrer selbst willen tun und es und sich selbst dabei genießen.

Gute Schauspieler können das. Sie werden von uns vermutlich deshalb so verehrt, weil sie Gefühle so zum Ausdruck bringen können, dass wir „mitschwingen" und uns so in ihre Kunst dermaßen einfühlen können, dass wir mitgerissen sind, selbstvergessen, dass wir die dargestellten Emotionen und Gefühle empfinden, wie unsere eigenen.

Natürlich sind die Gefühle gespielt.

Ein Studio-Boss aus Hollywood, J. B. Mayer (das zweite „M" in MGM, in Metro-Goldwyn-Mayer) hat dies einmal in einer nur auf den ersten Blick zynisch erscheinenden Weise auf den Punkt gebracht: *„Das Wichtigste, was ein Schauspieler braucht, ist Ehrlichkeit. Wenn er (oder sie – so viel Zeit muss sein) das darstellen kann, hat er (sie) es geschafft."*

Aus der Sicht der großen Schauspiellehrer wie Stanislawski aber war dieses Wort sicher nicht zynisch. Viele seiner Übungen für Schauspielschüler bestanden aus –

scheinbar – sinnlosen Aufgaben wie: „Welches Gefühl hat Schnee, hat Regen?"

Schauspieler berichten, dass sie sich vor jeder neuen Szene zurückziehen, sich völlig neu konzentrieren. Das ist gerade dann wichtig, wenn die ehrlich darzustellenden Gefühle ständig wechseln, Filme werden ja nicht hintereinanderweg gedreht, wie wir sie dann im Kino oder auf dem Bildschirm sehen, sondern meist jede Szene für sich – unabhängig davon, wann sie in der fertigen Fassung gezeigt wird.

Wir müssen Unglücksgefühle nicht wie ein Opferlamm hinnehmen

Meist geht es darum, alles abzudrehen, was an einer bestimmten Location spielt. Und ein Schauspieler, der gerade den verliebten Romeo gegeben hat, muss vielleicht ein paar Minuten später den eifersüchtigen Othello darstellen. Das gelingt nur, wenn die Gefühlspalette neu „eingestellt" wird.

Wie gut manche Künstler dabei sind, schildert der bekannte Neurophysiologe Prof. Antonio Damasio *(Ich fühle, also bin ich)* am Beispiel seiner Landsmännin, der portugiesischen Pianistin Maria João Pires.

Sie hatte behauptet, sie könne beim Klavierspielen die Emotionen, die sie dabei selbst empfindet, nach Belieben steigern oder verringern. Emotionen weniger oder mehr spüren, ist eine Frage der Quantität – und Quantität ist messbar.

Gemessen wird mit dem „Lügendetektor", der bekanntlich eine Apparatur ist, die körperliche Begleiterscheinungen von Erregung misst: Herzschlag, Blutdruck, Schweißproduktion usw., und Maria João Pires hat den an ihr durchgeführten Test mehrfach bestanden. Wie ein guter

Schauspieler hat sie ihre Gefühle im Griff. Körperlich messbar.

Auch wir können dies. Wir können mit unseren Gefühlen spielen – zu unserem eigenen Glück. Über den Körper können wir gute Gefühle „anschieben", das heißt: Wir müssen nicht auf Dauer in unglücklichen Gefühlen „baden".

4 Jeder Mensch ist Psychologe. Was raten Sie gegen schlechte Stimmung?

Es ist wirklich so (und es wird durch Untersuchungen bestätigt, die man eigentlich gar nicht braucht, weil die persönliche Erfahrung dies bereits zeigt):

99 Prozent – und vermutlich mehr – aller seelischen Hilfe wird nicht von Psychologen und Psychotherapeuten gegeben, sondern von Mensch zu Mensch. In diesem Sinn ist jeder Mensch Psychologe. Der wirkliche Experte für den Menschen ist der Mensch selbst. Fachleute können dann aufgrund von Forschungen noch einen Zusatznutzen schaffen, wie es hier in diesem Buch versucht wird.

Auch gute Menschen haben manchmal schlechte Laune

Die Regel gilt. Sie sind Psychologe. Und sicher werden Sie auch oft in dieser Rolle gefordert, zum Beispiel dann, wenn es sich um alltägliche – dafür leider aber sehr häufige – Dinge handelt, wegen der sowieso kein Mensch „zum Psycho" gehen würde.

Die wohl häufigste Art des Unglücklichseins sind negative Stimmungen. Es ist leider so: Auch gute Menschen haben manchmal schlechte Laune.

Wie können Sie negative Stimmungen vertreiben? Es geht. Gegen schlechte Laune gibt es nämlich zwei gute „seelische Naturheilmethoden".

Manchmal können wir schlechte Laune sogar ein bisschen genießen. Dann rollen wir uns zusammen wie der Hund oder die Katze, wenn die Welt für sie nicht in

Ordnung ist. Wir kriechen richtig in uns rein, und irgendwann ist der Anfall vorüber. An einem verregneten Wochenende einfach im Bett bleiben, essen, dösen, lesen. Wunderbar.

Aber wenn wir völlig schlecht beieinander sind, geht nicht einmal das. Dann nervt uns nicht nur die Fliege an der Wand, sondern sogar die Tatsache, dass wir selbst genervt sind.

Wo kommen die negativen Stimmungen her?

Sie haben die Antwort gerade gelesen: Sie liegt in den drei Worten „schlecht beieinander sein".

Was wir dann tun können? Auch das haben Sie gerade schon gelesen, diesmal vier Worte: „richtig in uns reinkriechen."

Das ist eine seelische Naturheilmethode. Sie wirkt ohne Arzt, Therapeuten und Apotheker. Und sie wirkt nicht nur, wenn wir ein langes Wellness-Wochenende Zeit dafür haben. Es geht in wenigen Minuten. Warum und wie – das hat die moderne Bewusstseinsforschung herausgefunden.

Wir wissen heute sehr viel mehr über Gefühle, Stimmungen, negatives Denken, Stresshormone und Glückshormönchen als noch vor ein paar Jahren. Und wenn man tausend Seiten wissenschaftlicher Texte mit Theorien und chemischen Formeln in einem Satz zusammenfasst, wird klar, was „schlecht beieinander sein" heißt:

Negative Grundstimmungen kommen daher, dass Kopf und Körper nicht in Harmonie miteinander sind, sondern gegeneinander arbeiten.

Übel gelaunt. Wissen Sie warum?

Zwei Ursachen für eine schlechte Grundstimmung gibt es. Die müssen wir kennen und genau voneinander unterscheiden. Denn für jede gibt es eine eigene seelische Naturheilmethode.

Fall 1: Wir sind körperlich aufgedreht. Aber im Kopf herrscht die Bettschwere. Dieser Zustand heißt Nervosität.

Der Körper läuft volle Kraft voraus, aber er läuft auch wie eine Flipperkugel hin und her, volle Kraft zur Seite und volle Kraft zurück. Wir rasen herum, ein Schluck Kaffee im Stehen, wir suchen die Zeitung, die wir gerade noch in der Hand hatten, und im Bad müssen wir einen Moment überlegen, warum wir eigentlich Zahnpasta auf die Zahnbürste getan haben.

Oder anders herum, Fall 2: Der Kopf ist wach und aktiv, die Gedanken rasen wie wild, wie die Flipperkugeln, hierhin und dorthin. Aber der Körper hat seine Betriebstemperatur noch nicht erreicht.

Typisches Beispiel: Wir stehen morgens auf, die Glieder sind noch bleischwer, wir tappern herum, aber im Kopf sind wir schon irgendwo in der Welt, bei der Arbeit, bei anderen Menschen, wir proben schon die wichtigen Telefongespräche durch, machen Einkaufslisten, Arbeitspläne, Tagespläne.

In beiden Fällen sind wir „nicht ganz bei uns" – das sind vier kurze Worte, die erklären, woher schlechte Laune kommt. Und wenn sie da ist und uns dann noch ein fröhliches „Guten Morgen" entgegenträllert, oder ein „beeil' dich, in 15 Minuten fährt die Bahn", dann platzt uns der Kragen, auch wenn wir Hemd oder Bluse noch gar nicht anhaben.

Was also tun gegen schlechte Feelings?

Kurz gesagt: Wir müssen uns erst einmal wieder richtig einkriegen. Wir müssen zu uns kommen, „bei uns selbst ankommen". Die Harmonie zwischen Kopf und Körper muss wieder hergestellt werden. Dann vergeht die schlechte Laune.

Die Voraussetzung für gute Stimmung ist also eine Balance von Kopf und Körper. Manchmal hilft Kaffee – aber Vorsicht, wenn der Körper zu hoch dreht, macht Kaffee uns noch nervöser. Ein leider wirksames Mittel für Raucher ist dann, eine Zigarette rauchen. Das regt an und beruhigt zugleich. Deshalb ist es so schwer, vom Tabak loszukommen, wenn es im Leben zu viel „starken Tobak" gibt.

Die gesunde Methode für gute Stimmung aber wirkt genauso schnell, wie das Rauchen einer Zigarette dauert. Sie folgt der einfachen Regel: „Der Langsamste bestimmt das Tempo." Kopf oder Körper. Je nach dem, wer „eingebremst" werden muss.

Fall 1: Was hilft gegen Nervosität?

Wenn der Körper aufgedreht ist, aber Sinne und Verstand noch nicht auf Touren gekommen sind, führt jeder Druck von innen oder von außen nur zu Stress. Stress aktiviert zwar den Kopf, aber der Körper reagiert dann noch hektischer, und wir werden wie bei zu viel Kaffee noch nervöser.

Gesünder und besser hilft jetzt alles, was Sie über Wellness wissen, um erst einmal den Körper einzubremsen:

- ganz langsam vorgehen
- still hinsetzen
- noch einmal hinlegen
- ein warmes Bad nehmen

- ausgiebig duschen
- Zeitung lesen ...

Kurz gesagt: In bessere Stimmung bringt uns jetzt alles, was dem Körper die Ruhe gibt, die im Kopf noch herrscht. In schwereren Fällen helfen Entspannungsübungen, um die Hektik aus dem Körper wieder herauszubekommen. Eine einfache Übung wird am Ende dieses Kapitels beschrieben.

Fall 2: Und umgekehrt? Wenn die Gedanken rasen?

Wenn der Körper nicht mitkommt, weil er die entsprechende Betriebstemperatur noch nicht erreicht hat, müssen die Gedanken eingebremst werden. Wieder also bestimmt der Langsamste das Tempo – in diesem Fall der Körper.

Gegen das Gedanken-Rasen hilft alles, was Sie je über Meditation gehört oder gelesen haben. Und auch, wenn Sie noch nie meditiert haben, können Sie eine Mini-Meditation anweden (siehe Kasten auf S. 29).

Sogar für schwere Fälle, wenn wir grübeln und grübeln und die negativen Gedanken uns einfach nicht verlassen wollen, gibt es eine einfache seelische Naturheilmethode. Sie heißt: Gedanken-Stopp (siehe S. 31).

Wir müssen also kein Opfer schlechter Launen und Stimmungen sein. Dafür, dass sie uns überfallen, können wir meist nichts. Aber wir können etwas dagegen tun. Mit gesunden Hausmitteln für die Seele können wir uns die Ruhe geben, die wir für eine gute Stimmung brauchen.

Hundert Gründe uns zu ärgern – oder auch nicht

Ich habe einmal einen normalen Arbeitsalltag lang mit einem Zettel gelebt. Jedes Mal, wenn es einen Grund gab, mich zu ärgern, habe ich einfach nur einen Strich gemacht. Am Abend waren an die hundert Striche auf dem Zettel: ein Falschparker, fünf Autofahrer – sämtlich Hornochsen–, vielleicht zehn unachtsame Leute in der S-Bahn und auf der Straße, ein paar unfreundliche Kollegen, viele dämliche Anrufe – und dann noch die kleinen Nickeligkeiten in der Partnerschaft.

Meine Frau! Ich könnte Ihnen da Dinge erzählen! Sie kocht gerne, viele Töpfe, viel Gerät. Jeden Abend. Und sie spült große Sachen unter laufendem Wasser ab, heiß und ein Spritzer Spülmittel bei jedem neuen Arbeitsgang.

Das ist unökologisch! Ich warne vor der Klimakatastrophe. Muss ich doch!

Für jeden Spritzer aus der Spülmittelflasche habe ich einen extra dicken Strich auf meiner Ärger-Checkliste gemacht.

Zahnpastatuben quetscht sie nie bis zum Ende aus. Das ist unökonomisch! Und die abgebrannten Streichhölzer tut sie wieder in die Schachtel, nicht einmal verkehrt herum. An jenem Hundert-Striche-Tag habe ich gleich zwei abgebrannte gefunden.

Zwei Striche habe ich gemacht. Und zwei extra. Für ihre Bosheit! Denn seit sie weiß, dass mich das ärgert, macht sie es extra. Wenn ich mir nicht ein Feuerzeug gekauft hätte, hätten wir inzwischen zu Hause bestimmt den Klimakollaps.

Eine müde Mark hat das Feuerzeug gekostet. Kleine Dinge können Großes bewirken.

Mensch ärgere dich und andere nicht

Unglück abzustellen, bevor es uns erreicht, heißt: Ärger abzustellen. Wenn wir das schaffen, ist das wie ein seelischer Lottogewinn. Negative Gefühle machen aus uns negative Menschen. Positive Gefühle machen aus uns positive Menschen. Und wie viel Saft und Kraft verlieren wir jeden Tag dadurch, dass wir an negativer „Seelennahrung" würgen.

Niemand ist schlechten Stimmungen hilflos ausgeliefert

Eine einfache Entspannungsübung gegen Nervosität als Stimmungsbremse

Die Übung ist seit Jahrzehnten bekannt, wissenschaftlich abgesichert und im Alltag Millionen Mal getestet. Sie heißt „progressive Relaxation", auf Normal-Deutsch: fortschreitende Entspannung.

So geht es: Setzen Sie alle hektische Körperenergie in Muskelkraft um. Einfacher gesagt:

- Machen Sie mit aller Kraft eine Faust oder spannen Sie irgendeine andere Muskelgruppe so fest an wie Sie können: im Sitzen die Brust- und Bauchmuskeln, im Stehen die Muskeln der Beine, oder die Gesichtsmuskeln – schneiden Sie also Grimassen. Die Faust können Sie auch in der Tasche ballen. Das ist der gute Tipp für unterwegs, wenn andere Menschen uns beobachten können. (Wenn wir Grimassen schneiden, sehen wir ja so aus, als ob wir im Kopf nicht ganz klar sind. Und wenn wir die Körpermuskeln anspannen, kann es passieren, dass jemand fragt, ob wir eine Toilette suchen.)

- Dann lassen Sie einfach locker. Die Muskeln entspannen von selbst, und jetzt müssen Sie mit Intuition und Gefühl so tun, als ob die entspannende Wirkung immer weiter fort schreitet.

Die gute Folge ist: Die hektische Körper-Energie hat in weniger als einer Minute bekommen, was sie gebraucht hat: Energieabfuhr. Nervosität fällt dann von uns ab, der Kopf wird klarer, der Teufel ist erst einmal vertrieben, und seinen Platz können harmonische Gefühle einnehmen.

Eine Mini-Meditation für bessere Stimmung

Ein wichtiger Grund für negative Stimmung ist „Gedanken-Rasen".

So können Sie den Kopf beruhigen, damit bessere Stimmungen Platz bekommen:

- Die Augen schließen (damit der Geist über unser wichtigstes Sinnesorgan, das Auge, nicht noch mehr Denk- und Grübel-Futter bekommt).
- Still hinstellen oder hinsetzen (mit geschlossenen Augen werden Sie ja nicht herumlaufen, aber auch die Arme und Hände müssen still gehalten werden, sonst gibt der Körper Information an den Geist ab, und die Gedanken beginnen erneut loszurasen und rumzutoben).
- Die Schultern hängen lassen, das Kinn anheben;
- Automatisch atmen Sie dann langsamer und tiefer – und ruhig atmen beruhigt auch die geistigen und seelischen Prozesse.
- Nun richten Sie Ihren Geist auf „das dritte Auge" – es liegt etwas oberhalb der Stelle, an der bei manchen Menschen die Augenbrauen zusammenwachsen.
- Konzentrieren Sie Ihre Gedanken auf einen leichten Druck, den Sie dort spüren – oder auf Druck, den Sie jetzt in den Augen spüren.
- Gehen Sie dem Druck einfach innerlich nach.

Versuchen Sie es, Sie werden es mögen. Und wenn Sie häufiger rasende automatische Gedanken haben, sollten Sie tatsächlich Meditieren lernen.

Gedanken-Stopp gegen Grübeln

Manche Menschen befreien sich auf eine denkbar einfache Weise aus einem Gedanken-Morast, wenn die Windmühlen im Kopf sich drehen und drehen. Sie gehen zum Beispiel zur Tür oder Wand, schlagen mit der Handfläche dagegen und brüllen laut: „ STOPP!"

Wer das ein paar Mal geübt hat, kann dann zu zivilisierteren Formen des Gedanken-Stopps übergehen. Der Psychologe Professor Martin Seligman empfielt zum Beispiel, ein Gummiband um das Handgelenk zu tragen, mit dem Sie sich schnippen, wenn die Novembernebel-Gedanken immer und immer wieder kommen. Andere Menschen geben ihren Gedanken Befehle. Sie sagen sich wie der Schiedsrichter beim Tennis: „Quiet please, Ruhe bitte."

Das funktioniert. Mit etwas Übung sogar zuverlässig. Und der Kopf wird frei für schönere Gedanken und Gefühle.

5 Woher bekommen wir die guten Gefühle?

Es gibt Regentage, an denen könnten wir die Welt umarmen, und wir würden nicht einmal merken, dass wir nass werden. Wir sind geleitet durch positive Gefühle.

Aber es gibt auch andere Tage, da stört uns sogar der Sonnenschein. „Zu grell! Wo ist denn die verdammte Sonnenbrille?"

Uns nervt der Gruß des Nachbarn („Was will denn der schon wieder?"). Uns ärgert bereits, dass nicht alle Autos auf der Straße hinter uns fahren, sondern einige vor uns. Nichts als negative Gefühle.

Und wenn die ältere Dame an der Ladenkasse ihren halben Liter Milch, das Knäckebrot und die Schokolade in die Einkaufstasche packt, kommt in uns sogar der Verdacht auf: „Jetzt macht sie mit Absicht langsam."

Woher kommen eigentlich die negativen Gefühle?

Viele Psycho-Prediger erzählen uns, dass wir uns nicht ärgern sollen, dass Wut schlecht ist. Beides hängt mit Stress zusammen und letztlich mit dem größten Killer unserer Zeit, den Herz-Kreislauf-Erkrankungen.

Na, klar. Wo sie Recht haben, haben sie Recht. Und noch mehr Recht hätten sie, wenn sie uns sagen könnten, wie wir spontan aufkommenden Ärger auch spontan wieder los werden können.

Warum können wir uns ärgern? Was ist der biologische Sinn?

Keine von unseren Fähigkeiten besitzen wir aus Jux und Dollerei. Alles, was wir an Reaktionen und Verhalten in unserem Repertoire haben, hat einen Sinn.

Wir Menschen, die wir heute leben, sind allesamt Siegertypen der Evolution. Es würde uns nämlich gar nicht geben, wenn unsere direkten Vorfahren die Loser-Gene weitervererbt hätten. Auch die negativen Gefühle – Angst, Wut und Trauer – haben also einen biologischen Sinn. Aber welchen?

Die moderne Bewusstseins-Psychologie kann das erklären. Stellen Sie sich einmal vor, Sie sind der Mensch, der Sie sind, aber man baut Ihnen zusätzlich einen Bewegungsmelder ein – so ein Ding, das auf einem Grundstück die Lampen angehen lässt, wenn man sich im Dunkeln nähert.

„So ein Ding" hat der Mensch tatsächlich von der Natur eingebaut bekommen. Und so funktioniert es:

- Von allem, was in uns passiert – Körperabläufe, Gefühle, Wünsche, Gedanken –, bekommen wir bewusst nur den kleinsten Bruchteil mit.
- Dasselbe gilt für alles, was um uns herum passiert. Wenn wir das alles, jede Sache, jeden Menschen, jede Bewegung bewusst wahrnehmen und verarbeiten würden, wären wir innerhalb von Minuten reif für die Klapsmühle. Diagnose: Systemüberlastung. Folge: Das System stürzt ab.

Warum sind wir oft ohne richtigen Grund verschüchtert oder gereizt?

- Was in uns und um uns herum abläuft, registrieren wir aber dennoch. Unbewusst. Und es wird für uns unbewusst verarbeitet.
- Und einiges wird heraus gefiltert – das läuft ab wie bei der Mutter, die beim größten Verkehrslärm schlafen kann, aber der kleinste Kiekser ihres Babys reißt sie aus dem Tiefschlaf. Denn dies zarte Geräusch wird an das Bewusstsein weitergeleitet. Das Donnern eines 20-Tonnen-Lasters nicht.

Das Unterbewusstsein weiß also, was für uns wichtig ist. Oder wichtig sein könnte.

Wenn eine wichtige Meldung unser Bewusstsein erreicht, passieren zwei Sachen kurz hintereinander:

1. „Alarm!" Wir werden aktiviert – körperlich und geistig.
2. In Sekundenbruchteilen machen wir uns ein erstes „Bild" von der Lage: eine Intuition, ein Gefühlsbild.

Und dieses Gefühlsbild hat einen ganz bekannten Namen: Angst.

Angst ist das erste Signal, das unser „eingebauter Bewegungsmelder", unser „natürliches Radarsystem" uns gibt. War da was? Ist da was? Bedeutet das Gefahr?

Angst lässt uns verharren. Das läuft ähnlich ab wie der „Totstell-Reflex" bei Tieren; der Igel zum Beispiel rollt sich einfach zusammen. Aber der hat Stacheln. Wir nicht. Wir müssen mehr tun.

Und dabei wird eine zweite negative Emotion wichtig: Ärger, der sich zur Wut auswachsen kann.

Ärger aktiviert die Körperkräfte. Und schränkt das Denken und die Kreativität ein. Auch das ist sinnvoll. Bei Gefahr darf man nicht lange nachdenken, und man muss auch nicht sonderlich kreativ sein: Weggehen oder sich wehren, flüchten oder standhalten, das Lenkrad nach links oder nach rechts herumreißen – das reicht als Verhalten bei Lebensgefahr.

Negative Emotionen können Leben retten. Das ist ihr biologischer Sinn, heute wie zu Urzeiten. Wir sitzen wie im Tran am Steuer unseres Autos. Plötzlich: die „Schrecksekunde". Irgendetwas liegt auf der Straße. Wir reißen das Lenkrad herum, intuitiv, automatisch, unbewusst – und danach wird uns erst bewusst, was eigentlich geschehen ist.

Warum sind wir so oft eifersüchtig?

Solche Reaktionsprogramme sind fest in uns verankert:

- Alarm
- negative Emotion
- Verstand auskoppeln
- aktiv werden und etwas tun

Seit Urzeiten werden diese Reaktionsprogramme von der Evolution von Generation zu Generation weitergegeben. Unter anderem dadurch sind wir zu Siegertypen geworden. Allerdings: Als wir noch in Höhlen gelebt haben, waren die negativen Emotionen sinnvoller als heute.

Damals hat der Mensch in kleinen Gruppen gelebt. 50 bis 200 Menschen. Man kannte sich, konnte die anderen einschätzen. Mann und Frau, glauben die Evolutions-Psychologen, waren sich deshalb auch ziemlich sicher, dass ihrer Beziehung keine Gefahren drohen.

Und genau deshalb hat der liebe Gott die Eifersucht geschaffen, jenes überstarke negative Gefühl auf den allerkleinsten Hinweis möglicher Rivalität. Nur: Wenn wir heute den Fernseher anschalten oder durch die Fußgängerzone gehen, wimmelt es nur so von potenziellen sexuellen Rivalen. Und wehe, eine Frau schaut auch nur einen anderen Mann an. Dann läuft das gesamte archaische Eifersuchtsprogramm ab. Oft mehrmals täglich.

Ähnlich mit Angst und Gefahr. Ur-Vater Ötzi hat einigermaßen sicher gelebt. Und ganz sicher hat er nicht drei Mal täglich mit einem Feind, einem Mammut und einem Säbelzahntiger gekämpft. Heute allerdings kommt uns täglich dauernd irgendwer oder irgendetwas in die Quere. Und dann läuft das gesamte archaische Angst-und-Aggressionsprogramm ab. Oft mehrmals täglich.

In beiden Fällen schrillen nämlich immer noch die Alarmglocken so laut wie am Anfang der Menschheitsgeschichte.

Warum sind wir oft ohne richtigen Grund resigniert?

Ähnlich ist es bei Trauer und Resignation – nur etwas leiser, aber genau so wirksam:

Wenn wir zum Beispiel einen dieser hässlichen grauen oder blauen Briefumschläge sehen, sagt unsere Intuition uns: „Bank, Behörde, Finanzamt. Also Rechnung, Mahnung, Drohung."

Dann passiert zu oft, dass wir – etwas geschwollen ausgedrückt – „das Interesse am Leben verlieren" und „uns von der Teilnahme am Leben zurückziehen". Die beiden geschwollenen Ausdrücke sind Beschreibungen für eine Trauerreaktion, denn Trauer ist „Rückzug vom Leben", und das wiederum ist – wenn es zum chronischen Zustand wird – das, was wir Depression nennen.

Viele unserer negativen Gefühle sind also Mini-Panik und Mini-Depressionen. Die Kette heißt jetzt:

- Alarm, also: Aktivierung
- Angstintuition und
- „weglaufen" oder „weg damit!"

Aber wo geht es hin? In den „seelischen Untergrund", und da nagt es weiter an uns.

Wie können positive Gefühle entstehen?

Die Natur hat uns die negativen Gefühle zu unserem Schutz gegeben. Sie treten schnell auf. Fast genauso schnell aber können sie auch vergehen, wenn sie ohne Grund auftreten und wenn wir nicht weglaufen oder versuchen sie zu verdrängen.

In diesem Fall ebbt die Erregung wieder ab. Das dauert vielleicht zehn Sekunden – etwa genau so lange, wie jeder Mensch weiß, der den guten Spruch kennt: „Zähl erst einmal bis zehn." Oder in schwereren Fällen: „Schlaf' mal eine Nacht drüber."

Diese Sprüche sind keine „Sprüche", sondern sind in Wirklichkeit seelische Naturheilmittel.

Machen Sie selbst die Probe:

- wenn der nächste „blaue Brief" kommt
- wenn Sie das nächste Mal in einer Schlange warten müssen
- wenn Ihnen ein anderer Autofahrer das nächste Mal die Vorfahrt nimmt ...
  und Ihre Intuition Ihnen sagt:
- „Unangenehm, also: weg!" oder
- „Mieser Typ, also: druff!" ...

... zählen Sie dann erst einmal bis drei. In härteren Fällen bis zehn. In noch härteren: Machen Sie einmal die Mini-Meditation (siehe Kasten Seite 29f.). Sie werden es erleben:

- nach kurzer Zeit ändert sich die Gemütslage
- Aggressionsimpulse ebben ab
- Resignationsimpulse sind weniger spürbar
- ein Gefühl von Neugier, von Interesse tritt auf
- etwas Mut stellt sich ein

Gute Gefühle also.

Nur leider: Es dauert etwas länger bis es soweit ist.

Da müssen wir durch. Aber es geht. Denn nicht nur die negativen Gefühlsprogramme sind angeboren, sondern auch die positiven.

Wenn der Nachbar Sie das nächste Mal grüßt und in Wirklichkeit jene Art von Klatsch-und-Tratsch-Kontakt sucht, den Sie unbedingt vermeiden wollen: Zählen Sie einfach bis drei, und dann wird Ihnen eine gute Reaktion einfallen, die auf beiden Seiten gute Gefühle erzeugt und hinterlässt.

Das klappt sogar beim Nachbarn.

Das Paradies auf Erden entsteht so nicht

Die Zähl-bis-drei-Übung und die Übungen im Kasten auf Seite 29f. sind Mittelchen aus dem psychologischen Erste-Hilfe-Koffer. Es sind alte Volksweisheiten und kleine Psychotricks.

Das große Wunder bewirken sie nicht. Dass jeder Mensch an jedem Ort der Welt zu jedem Zeitpunkt glücklich ist, wird dadurch nicht erreicht. Wohl aber:

dass ein Mensch (und ein zweiter: Sie zum Beispiel) an einem ganz bestimmten Ort der Welt (der Ort an dem Sie persönlich leben, und an dem Sie glücklich leben wollen) etwas glücklicher ist.

„Psychotricks" habe ich gesagt. Zumeist versteht man darunter etwas Negatives – die „geheimen Verführer". Wie wenn man einem Eskimo einen Eisschrank verkauft. Das macht den Verkäufer etwas glücklicher, denn er bekommt eine Prämie, den Eskimo eher nicht, denn er muss den Eisschrank, den er nicht braucht, und die Prämie bezahlen.

Auch die „Psychotricks" in diesem Buch sollen verführen. Aber zum Positiven. Zum Glück. Für uns selbst und für andere Menschen.

Vor allem uns selbst sollten wir dabei nicht vergessen. Denn natürlich handeln Verführer immer auch im eigenen Interesse.

6 Glück ist egoistisch. Aber an sich selbst denken ist nicht einfach

Halten Sie ein glückliches Leben für möglich und „machbar"?

Sie müssten es, denn jeder Mensch kennt die Erfahrung tiefen Glücks. Wenige Beispiele reichen: Jeder kennt die Geborgenheit des Kindes, das Lieben und das Geliebtwerden, die Gefühle von Glückseligkeit bei vielem, was wir tun. Einerseits.

Andererseits hat jeder Mensch erfahren, dass Geborgenheit, Liebe und Glückseligkeit vergehen, und dass es Verunsicherung und Lieblosigkeit gibt, dass Glück uns aus der Hand rutscht wie glitschige Seife – gerade dann, wenn wir es ganz fest packen wollen.

Und so ist der Mensch skeptisch geworden. Tief im Herzen wohnt Zweifel. Das Leben ist *„nicht eigentlich da, um genossen zu werden, sondern um überwunden, abgetan zu werden."* So hat der Philosoph Arthur Schopenhauer diesen Zweifel formuliert.

Ein kluger Satz – wenn da nicht die persönliche Erfahrung eigenen Glücks wäre. Und diese Erfahrung ist real. Sie kann nicht einfach überwunden oder abgetan werden. Wir tragen die Vorstellung vom Glück in uns, wie das kleine Kind (Kapitel 2), das der Engel vom Paradies auf die Erde bringt.

Ist Glück unmoralisch?

Glück also ist möglich. Unsere eigene Erfahrung bestätigt es. Und größeres Glück muss möglich sein. Was aber ist mit dem großen Unglück in der Welt und im eigenen Leben? Auch die Erfahrungen von Unglück sind real.

Ist es naiv – ist es vielleicht sogar unmoralisch und egoistisch –, nach persönlichem Glück zu suchen? Dies sind wichtige Fragen.

Wir stellen sie uns selbst, die besten Denker haben sie sich gestellt. Eigenartig aber: Das Glück stellt sich diese Fragen nicht. Wenn es da ist, ist es da. Einfach so. Dreist. Frech. Und das Glück nimmt uns die kritischen Fragen, so lange es vorhält. Glück kann man mitten im größten Unheil erfahren – und nicht nur jene zynische Variante, die sagt: „Glück ist, wenn der Nebenmann erschossen wird", denn das Unheil war ganz nah, aber ich bin noch einmal davongekommen.

Dürfen wir glücklich sein? Stellen Sie diese moralische Frage einmal etwas anders: Ist die Welt besser oder schlechter:

- Wenn ein kleines Kind das Glück der Geborgenheit spürt.
- Wenn ein 16-Jähriger Liebe findet oder ein 61-Jähriger fühlt, dass er geliebt wird?

Ist die Welt ein guter Platz, wenn wir Unglück empfinden? Und ein schlechter, wenn wir glücklich sind? Oder wird sie – auch das lohnt sich zu fragen – nicht etwas besser dadurch, dass ein Mensch mehr glücklich ist?

Denn Glück strahlt aus auf andere Menschen. Auch diese Erfahrung hat jeder Mensch gemacht. Und dieser Spur folgt dieses Buch.

Die wahre moralische Frage

Glück folgt keiner einfachen Berechnung. Das persönliche Glück jedenfalls nicht. Allerhöchstens das „Glück", das verteilt wird – bei der Entscheidung über Weihnachtsgeschenke, wenn das Budget knapp ist, genauso wie bei der Entscheidung über Wahlgeschenke, die Politiker verteilen.

Aber um diese Art von Glück geht es hier nicht. Materielles Glück ist begrenzt. Nicht jeder kann reich werden. Aber unsere Möglichkeiten würden reichen, jedem Menschen auf der Erde das Überleben zu sichern und das größte Unglück abzuwenden. Mehr Glück bräuchte dann nicht verteilt werden, denn dafür kann jeder Mensch selbst sorgen.

Mehr Glück entsteht nicht als Zugabe. Wer ein Konzert nicht genießt, wird auch durch ein, zwei Zugaben nicht glücklicher. Und wer das Leben nicht genießt – so, wie es ist, wenn die größte Not beseitigt ist –, der kommt auch durch Zugaben nicht zu einem glücklicheren Leben. Forschungen – siehe Kapitel 14 – bestätigen das.

Ist es moralisch, ein „nicht eigentlich genossenes" Leben zu führen oder, wie Arthur Schopenhauer weiter gesagt hat, das Leben zu überwinden, es abzutun?

Dies Buch stellt einen anderen moralischen Anspruch. Er lautet: *„Wie lebe ich so glücklich, dass nicht nur ich Glück spüre, sondern einige andere Menschen genau so?"* Präziser: *„Es ist die Pflicht und Schuldigkeit jedes Menschen, glücklich zu leben, statt das Unglück – das eigene und das der Menschheit – zum alleinigen Lebensmittelpunkt zu machen."*

Das Mindeste, was man also tun sollte, ist: ständig an das Glück zu denken.

7 Lotto, Horoskope, Glücksbringer: Wir sollten immer an das Glück denken

Ständig an das Glück zu denken, ist eine wichtige Voraussetzung, um Glück zu finden.

Allerdings ist Denken in dem Sinne gemeint, ganz konkret die praktische Antwort auf die praktische Frage zu suchen: Was kann ich jetzt tun, um mehr Glück zu empfinden? Nicht gemeint ist, sich vagen Hoffnungen hinzugeben.

Um an das Glück zu denken, brauchen wir Gedächtnisstützen. Und hier machen all die vielen kleinen Glücksbringer, die kluge Menschen gerne belächeln, sehr viel Sinn: Lotto spielen, Horoskope lesen oder anderer Glaube oder Aberglaube.

Werden Sie irgendwann sechs Richtige haben?

Das Lottospielen kann man intellektuell leicht als Illusion ohne Hoffnung entzaubern. Ein Taschenrechner reicht.

Die Chance, sechs Richtige zu bekommen liegt pro Kästchen nämlich bei 1 zu 13.983.811 – das heißt: es gibt also fast 14 Millionen Kombinationen der „6 aus 49". Sie können nachrechnen, die Formel ist 49 mal 48 mal 47 mal 46 mal 45 mal 46 geteilt durch 1 mal 2 mal 3 mal 4 mal 5 mal 6.

Wenn Sie pro Woche 100 Kästchen ausfüllen, würden Sie fast 140.000 Wochen spielen müssen, um – rein theoretisch – ein Mal sechs Richtige zu bekommen. 140.000 Wochen sind etwa 2.690 Jahre.

Vor etwa 2.700 Jahren ist die Stadt Rom gegründet worden, etwa im Jahr 700 vor Christi Geburt. Also, wenn es damals schon den Euro gegeben hätte, wenn die Gründer Roms, Romulus und Remus, angefangen hätten Lotto zu spielen, wenn das von Generation zu Generation weitergemacht worden wäre, dann hätte irgendwer in der Familie – rein theoretisch – sechs Richtige gehabt und hätte viel mit dem ganzen Geld angefangen (falls es ihm die Mafia nicht abgenommen hätte).

Darüber kann man jetzt viel nachdenken, und trotzdem macht Lottospielen einen Sinn: Ein Mal die Woche werden Lottospieler darauf hingewiesen, dass es Glück gibt. *„Werden Sie irgendwann sechs Richtige im Lotto haben?"* Welcher Lottospieler würde da – trotz der Sache mit der geringen Wahrscheinlichkeit – „Nein" sagen?

Und wer dies eine Mal als Anlass nimmt, darüber nachzudenken: *„Was kann ich sonst noch tun, um mehr Glück zu empfinden?"*, der macht etwas Vernünftiges. Beim Lottospiel weiß jeder, was zu tun ist, um das Glück zu finden: den Schein ausfüllen, ganz einfach. Die wichtigere Frage ist: *„Was tue ich in der Zwischenzeit? Bis ich gewinne?"*

Die Arbeit am „kleinen" Glück

Glaube und Aberglaube liegen eng beieinander. Sich darüber zu mokieren, ist leicht – etwa über die Sportler, die sich bekreuzigen, oder die Autofahrer, die am Innenspiegel einen Glücksbringer hängen haben, das Bild der Kinder, einen Rosenkranz (und zur Vorsicht auf der Hutablage dann doch die Rolle Toilettenpapier – für alle Fälle).

Ob Glücksbringer Glück bringen – man kann daran zweifeln. Vielleicht sind sie „nur" Glücks-Erinnerer, aber die können wichtig sein, wenn es stimmt, dass Glück davon abhängt, ob wir etwas dafür tun. Und da wir immer viel zu viel zu tun haben, kann das Amulett, der Talisman, die Glaskugel, der Glückspfennig, das tibetische Windspiel ein guter Erinnerer sein.

Wenn die Menschen den Lottoschein abgegeben oder das Horoskop gelesen haben, haben sie den Rest der Woche ja immer noch Zeit, am wichtigeren „kleinen" Glück zu arbeiten. Wie das geht, ist jetzt klarer:

Wir müssen die Aufmerksamkeit darauf richten. Und wir müssen die über jeden Zweifel erhabene Einstellung gewinnen:

- Ich kann mein Glück selbst verursachen.
- Ich kann die Umstände, unter denen ich glücklich bin, kontrollieren.

Sich zum Glück verführen

Wenn Sie von NLP gehört haben, haben Sie auch schon das Wort *Reframing* gehört.

Das englische Wort *frame* heißt *Rahmen,* und *Reframing* heißt: Die Dinge in einen neuen Rahmen stellen, sie in anderem Licht betrachten. Oder auch: aus dem bisherigen Denkrahmen fallen. Die Übung auf Seite 77 („Von eins bis zehn zählen) kann hier einiges verständlicher machen:

Der Rahmen, in dem wir denken, fühlen und handeln, wird sehr oft durch unser „seelisches Alarmsystem" vorgegeben, durch negative Emotionen. Die Übung dazu – bis zehn zählen und warten, bis sich positive Emotionen einstellen – ist ein schönes Beispiel für *Reframing*. Ein Kosten sparendes ebenfalls.

Ich habe noch keinen Menschen getroffen, der in einem noch so teuren NLP-Training – wie Sie soeben – innerhalb von einer Minute eine Methode erlernt hat, mit der ER oder SIE nicht nur das Denken verändern kann, sondern die Grundlage allen Denkens: das Fühlen.

8 Ist Glück das Paradies auf Erden? Wie war das eigentlich im Paradies?

Auf den letzten Seiten ist häufiger das Wort „Paradies" aufgetaucht, ganz am Anfang schon in der Legende von dem Engel, der die Babys auf die Erde bringt.

Warum der Hieb auf die Nase? Warum eigentlich sollen wir hier auf der Erde nicht an das Paradies denken? Vieles würde klarer, wenn wir wüssten, wie es im Paradies wirklich war.

Wenn wir die Bibel als Reportage ansehen und nachlesen, was über das Paradies an Fakten, Fakten, Fakten berichtet wird, erfahren wir leider so gut wie gar nichts.

Was haben die Lebewesen, die Pflanzen, die Tiere, die Menschen dort getan? Die aus dem Paradies Vertriebenen, Adam und Eva, hätten zumindest nachträglich darüber berichten können. Ähnlich wie die Raumfahrer über ihren Ausflug zum Mond.

Aber Fehlanzeige. In der Schöpfungsgeschichte der Bibel steht über das Paradies nicht viel. Der Vorgang der Schöpfung war beendet. „Der Herr sah, dass es gut war". Adam und Eva sprachen mit den anderen Kreaturen. Worüber, wird nicht gesagt. Basta. Nur ein Bild perfekter Harmonie wird erzeugt.

Harmonie? „Nirwana"?

Aber ein Fakten sammelnder Reporter weiß sich zu helfen, wenn es nichts an Fakten gibt. Dann gilt: „Keine Meldung ist auch eine Meldung". Und vielleicht lautet die Meldung: „Im Paradies geschieht nichts. Rein gar nichts. Das absolute

Glück, das wir mit dem Paradies verbinden, ist das Nirwana, das Nichts."

Etwas mehr ins Detail geht ein Schöpfungsmythos aus dem griechischen Kulturkreis, der auf einen der frühen Philosophen, über deren Lehre wir etwas wissen, zurückgeht, auf Heraklit (544 – 483 v. Chr.):

„Alles fließt"?

Zwei Aussprüche werden ihm zugeschrieben: „Alles fließt", und „Der Krieg ist der Vater aller Dinge". Seine Vorstellung über die Schöpfung:

- *Weder die Götter noch die Menschen haben den Kosmos erschaffen.*
- *Der Kosmos war immer und wird immer sein.*
- *Der Ursprung aller Dinge ist ein „Ur-Feuer", die „reine Vernunft".*
- *Es gibt Zwiespalt und Kampf. Aus ihnen entsteht die Vielfalt der Dinge.* Das ist gemeint mit „Der Krieg ist der Vater aller Dinge". Nicht etwa, dass Kampf und Krieg – im Großen wie im Kleinen – positive, schöpferische Kräfte sind.
- *Einheit und Friede bedeuten dagegen so etwas wie „Einfalt".* Wenn Einheit und Friede besteht, verschmilzt die Vielfalt der Dinge mit der „Ur-Vernunft", die die eigentliche gestaltende Kraft des Kosmos ist.
- *Leben ist ständige Veränderung.* Das ist gemeint mit „Alles fließt". Nicht etwa: Alles ist Chaos.
- *Zwei „Fließbewegungen" gibt es, die eine „hinauf und die andere „hinab".*
- *Leben heißt: „Alles fließt hinauf" zur Einheit aller Schöpfung. Und „alles fließt hinab" zur Vielfalt aller Schöpfung.*

- *Glück findet der Mensch, wenn die Ur-Vernunft und ihre Ordnung stiftenden Gesetze erkannt und als Lebensziel anerkannt werden.*

Genug davon. Nur eins noch:
Auch hier wird Glück mit Harmonie, mit Friede und Einheit aller Schöpfung gleichgesetzt. Und anders als in der jüdisch-christlichen Tradition wird ein etwas angenehmerer Weg durch das Leben auf Erden gewiesen.

Wer „erlöst uns von dem Bösen"?

In der Bibel wird dem Menschen Mühe, Not und Plage verordnet. Unglück also. Deshalb die Hoffnung auf einen Erlöser. Aber auch die Formel „Der Friede Gottes, welcher höher ist als alle Vernunft, bewahre eure Herzen und Sinne" besteht und weist einen Weg zum Glück.

In der griechischen Tradition wird ein größerer Zipfel vom Gipfel des Glücks für erreichbar gehalten: durch das Erkennen der „Ur-Vernunft".

Beide Traditionen enthalten allerdings zwei übereinstimmende Vorstellungsbilder:

1. Die Erde ist kein Paradies. Das Paradies auf Erden für alle Menschen zu schaffen, ist sicher kein Weg zum Glück. Wie sollte es auch aussehen?
2. Der einzelne Mensch allerdings kann sein Leben auf mehr Glück ausrichten – durch Suche nach Harmonie.

Harmonie empfinden

Kehren wir noch einmal kurz zurück zur Legende vom Baby mit der „Boxernase". So könnte man sie weitererzählen: *In jedem Menschen bleibt nämlich ein Stück Paradies erhalten – ein Gefühl, ein Bild, eine Vorstellung, eine Vision vom Glück.*

Solche Gefühlsbilder, Intuitionen, aber sind alles andere als Träume oder Schäume. Das bestätigt die heutige Gehirnforschung – die Psychologie der Emotionen, die Gedächtnisforschung und die neurologischen Erkenntnisse über den Aufbau und das Funktionieren unseres „geistigen Apparates". Genaueres steht in Kapitel 20.

Im Zusammenhang hier reicht als erster Hinweis, dass Gefühls-Bilder und Intuitionen der Ursprung unseres Denkens sind. Albert Einstein hat zum Beispiel gesagt, dass sein Denken damit anfängt – und nicht mit Worten und Logik.

Über das Paradies – oder bei Heraklit: über das „Ur-Feuer der Vernunft" – erfahren wir so gut wie gar nichts Konkretes. Aber es reicht für ein Gefühls-Bild, eine Intuition, eine Vision. Glück, erfahren wir, hat etwas mit Harmonie zu tun.

Harmonie wovon?

Das wird offen gelassen.

Aber vielleicht ist das ja alles, was wir wirklich wissen müssen. Das heißt nämlich: Wir müssen, wir können selbst bestimmen, worin wir Glück finden. (Ganz ähnlich übrigens – siehe Kapitel 19 – verhält es sich mit einer der bekanntesten Aussagen über das Glück, dem Wort vom *pursuit of happiness* in der Amerikanischen Verfassung.)

Bei Heraklit bekommen wir zumindest ein paar Anhaltspunkte: Glück bedeutet, dass der Mensch mit sich selbst und der Welt im Reinen ist. Vier Punkte sind damit gemeint:

1. das ICH, die Triebe, Stimmungen, Gefühle, Gedanken und Intentionen
2. der Körper
3. die Mitmenschen, die „signifikanten Personen" in unserem Leben, die Menschen, mit denen wir das Leben teilen

4. die „Schöpfung", also: alle Dinge, aller Besitz, alle Lebewesen und alle Menschen

Hierin sollte Harmonie angestrebt werden – immer wieder neu und in der Gewissheit, dass der Endzustand der Harmonie nie erreicht wird, denn „alles fließt".

So! Einmal tief durchatmen. Das war viel gedankliches Schwarzbrot.

Als Aufstrich dazu noch einmal die Legende vom Boxer-Engel. Sie sagt uns noch etwas mehr über ein glückliches Leben: *Jeder Mensch trägt nicht nur ein Stück vom Paradies in sich. Jeder Mensch – schon das neugeborene Kind – kann das Gefühl für ein glückliches Leben in anderen Menschen wecken.*

Und diese beiden Aussagen werden durch so viele unbezweifelbare wissenschaftliche Forschungsarbeiten bestätigt, dass man sie in klarer Sprache herausstellen kann. Niemand muss heute mehr allein auf Vorstellungsbilder und Intuitionen, auf Märchen und Legenden, auf Träume und Sprichworte zurückgreifen, wenn über das glückliche Leben gesprochen wird.

Es gibt Fakten über das glückliche Leben. Teil 3 gibt Ihnen drei Berichte über Glückserfahrungen, wie sie jedem Menschen jeden Tag möglich sind.

Teil 4 beginnt mit einer praktisch umsetzbaren Definition vom Glück und betrachtet dann weitere Fakten, die die Glücksforschung gefunden hat, genauer.

Teil 2

Glückserfahrungen im Alltag

9 Glück bei „la mama".
Die Menschen, die einfach nicht krank wurden

Sie liebten Pizza, Pasta und Salami, alles, was gut und schwer war. Und sie liebten es reichlich: 2.700 Kalorien, davon allein 41 Prozent in Fett, tagaus, tagein. Man sollte meinen, dass Roseto – der Ort, in dem diese Vielfraße wohnen – eine Goldgrube für Herzspezialisten und Totengräber sei. Das Gegenteil aber war der Fall.

Die Leute in den Nachbarorten von Roseto hatten drei Mal so viele Herzinfarkte und doppelt so viele starben daran – ein wirklich gewichtiges Beispiel dafür, das manche Menschen trotz eines ungesunden Lebensstils einfach nicht krank werden.

Stress, Zigaretten, zu viel Essen, zu viel Alkohol, zu wenig Bewegung und dazu seelische Krisen wie Arbeitslosigkeit, – so heißen die Killer, die uns krank machen und umbringen. Normalerweise. Aber es gibt Ausnahmen. Raucher, ewig auf der Suche nach einem Alibi, haben diese Ausnahmen schon immer gekannt, jenen Großonkel, jenen Kettenraucher. Er wurde 89 und würde wohl heute noch leben, wäre er nicht überfahren worden. Vom Milchmann.

Einige dieser „Ausnahmen" haben einfach eine eiserne Konstitution geerbt, schon ihre Eltern und Großeltern sind steinalt geworden. Andere „Ausnahmen" aber, so weiß man mit immer größerer Sicherheit, haben noch etwas anderes gemeinsam: einen guten Draht zu ihren Mitmenschen.

Wer gute Nachbarn hat, lebt gesünder und länger

So war es auch in Roseto. Das Dorf liegt in den USA, und das besondere an diesem Ort – abgesehen von dem gesunden Appetit seiner Einwohner – ist seine Sozialstruktur.

Alle Bewohner sind italienische Einwanderer, katholisch, man hält zusammen, auch gegen die teilweise recht feindselige neue Heimat. Man kennt seine Nachbarn und hilft ihnen, wo man kann. Armut und Verbrechen sind rar. Mit 25 ist jeder verheiratet, und in der Ehe sind die Rollen klar verteilt.

Die Bewohner der Nachbarorte leben eher isoliert nebeneinander her, jeder sorgt für sich selbst. Die Rollenverteilung in der Ehe ist dort nicht so klar, es kommt leichter zu Partnerkonflikten.

In Roseto aber lebten keine Singles oder Kleinfamilien. Um die abends – zwar nicht reich, aber reichlich – gedeckten Tische versammeln sich nicht nur Vater, Mutter und zwei Kinder, sondern dazu auch die verwitwete Tante, der geschiedene Freund, der Junge aus der Nachbarschaft, der gerade Ärger mit seinem Vater hat, die Kusine mit dem unehelichen Kind, der Großvater, und ab und zu kommen der Briefträger und Dorfpolizist noch dazu.

Sie alle folgen dem göttlichen Gebot aus der Schöpfungsgeschichte: „Es ist nicht gut, dass der Mensch allein sei". Und um die Wahrheit seines Gebotes uns Menschen zu dokumentieren, gab Gott dem „nach seinem Bilde geschaffenen Menschen" einen Partner bei.

Reden wir also kurz über die gesundheitlichen Aspekte jener Institution, die heute so oft geschmäht wird: die Ehe.

Die Ehe ist „tot" – leider, denn für uns ist sie gesund

In unzähligen wissenschaftlichen Untersuchungen ist nachgewiesen, was in der Bibel bereits nachzulesen ist: Wer verheiratet ist, wird körperlich und seelisch seltener krank; wer ledig, verwitwet oder geschieden ist, kommt öfter ins Krankenhaus, bleibt länger dort und stirbt früher – und zwar an allen denkbaren Todesarten: von Herzinfarkt und Krebs bis zu Selbstmord oder einem Verkehrsunfall.

Aber schon im biblischen Zeitalter zeigte sich, dass Ehe allein noch nicht die Lösung aller menschlichen Probleme ist, denn kaum hatte der erste Mensch Gesellschaft, gab es nichts als Ärger: Das Paar wurde aus dem Paradies geworfen, der Acker draußen gab außer Dornen und Disteln nichts her, und die unter Mühen geborenen Kinder erschlugen sich gegenseitig.

Aus der psychosomatischen Forschung weiß man zudem, dass Magengeschwüre oder Asthma Resultat einer verkorksten Ehe sein können. Und es kann noch schlimmer kommen.

Der Mediziner Jack H. Medalie hat 10.000 israelische Männer fünf Jahre lang beobachtet. Anfangs hatte keiner Herzbeschwerden, aber einige klagten über eine unbefriedigende Ehe; sie fühlten sich emotional allein gelassen. Und es waren eben diese Männer, die nach fünf Jahren die meisten Herzinfarkte erlitten hatten. Kein Zweifel, eine schlechte Ehe kann krank machen.

Für die überwiegende Mehrheit der Menschen aber sind Ehe, Familie und noch größere feste Gemeinschaften aber ausgesprochen gesund. Was aber bewirkt diesen gesundheitlichen Segen menschlicher Gemeinschaft, wie sie die Bürger von Roseto pflegen?

Wellness durch den Wellensittich

Wissenschaftliche Untersuchungen deuten an, was es sein könnte. Immer geht es in ihnen um Menschen, die riskant leben, die aber – wie durch ein Wunder – von Krankheit und Tod verschont bleiben.

Englische Arbeiterfrauen, fand Professor G. W. Brown von der Oxford University heraus, leiden häufiger unter Depressionen als Frauen der Mittelschicht. Nicht ohne Grund. Sie haben wesentlich mehr Probleme mit Schulden, Arbeitslosigkeit, Trennung, Wohnungskündigung, Krankheit, dem Mann im Gefängnis oder Verhaltungsstörungen der Kinder. Dennoch gelingt es einigen der Arbeiterfrauen, diese Belastung ohne Depressionen zu ertragen. Wichtiger Grund: Sie haben jemanden, mit dem sie täglich über ihre Sorgen reden konnten. Meist ist es der Ehemann, manchmal ein Freund. Man muss also nicht unbedingt verheiratet sein, um diesen Segen für die Gesundheit zu ernten.

Nicht nur offensichtliche Probleme wie Schulden und Arbeitslosigkeit können belasten. Lebensveränderungen aller Art sind ebenfalls nicht leicht zu verdauen. Das wussten übrigens schon die alten Chinesen: „Mögest du in interessanten Zeiten leben", lautet einer ihrer tiefsinnigen Flüche. Und die amerikanische Psychologin Katherine Nickolls von der Universität Yale hat die Gesundheit von Frauen beobachtet, die eine „interessante" Schwangerschaftszeit hinter sich hatten.

Diese Frauen waren alle mit Berufssoldaten verheiratet, einige lebten relativ isoliert, während andere mit Freunden und Verwandten reichlich Kontakt hatten. 90 Prozent der isolierten Frauen hatten eine Entbindung mit Komplikationen, bei den Frauen mit guten sozialen Kontakten aber waren es nur 33 Prozent.

Andere Forschungsarbeiten legen den Schluss nahe, dass die für Gesundheit und Überleben wichtigen Kontakte nicht einmal unbedingt menschlicher Natur sein müssen. Ein Haustier – Hund, Katze oder Wellensittich – tut es offenbar auch: Von 92 Herzinfarktpatienten einer amerikanischen Universitätsklinik hatten 53 ein Haustier. Ein Jahr nach der Entlassung aus der Intensivstation waren nur 3 (6 Prozent) von ihnen gestorben. Von den 39 Patienten ohne Haustier hingegen 11 (28 Prozent).

Kontakt macht gegen Stress immun

„Immunisierung durch Freundschaft" – wie dies genau funktioniert, weiß man noch nicht, aber man stellt es sich etwa so vor:

In einer bedrohlichen oder belastenden Situation einen Menschen auf seiner Seite zu wissen, beruhigt in einer Weise, die die Schwelle für eine Stressreaktion erhöht. Bei Belastungen bleibt der Puls dann normal, kein Adrenalin fließt, die Körpersekrete sorgen weiter dafür, dass Haut und Schleimhäute feucht und damit abwehrfähig bleiben. Und sollte es einigen Bakterien dennoch gelingen, in den Blutkreislauf einzudringen, kann der Organismus schneller Antikörper herstellen, als wenn er mit einer Kraft raubenden Stressreaktion beschäftigt ist.

Solche Erklärungen klingen plausibel, aber der Forschungsbereich ist immer noch relativ neu. Deshalb sind die Begriffe „Freundschaft", „Nächstenliebe", „enge Beziehung" auch nur lose Umschreibungen für etwas, was man noch nicht genau kennt oder präzise beschreiben kann. Ganz offensichtlich wirkt hier eine enorme Kraft, die krank oder gesund machen kann, die in der Regel jedoch gesund macht. Aber worin diese Kraft genau liegt, ist noch offen.

Ist es das miteinander Reden? Ist es das offene miteinander Reden? Ist es Körperkontakt, wie etwa beim Heilen durch Handauflegen? Ist es für jemanden sorgen, für jemand wichtig sein, ist es Entspannung, weil man nicht ständig auf der Hut sein muss und neue Kräfte sammeln kann? Ist es Strukturierung oder gar Sinngebung des Lebens? Oder ist es alles zusammen? Sind es also viele Elemente einer komplexen Beziehung von Kräften, von denen jede wissenschaftliche Studie immer nur einen winzigen Ausschnitt messen kann?

Man sagt, der Mensch verdanke sein Überleben der Gruppe, und man denkt dabei an praktische Maßnahmen wie Verteidigung gegen Gefahren, Arbeitsteilung im Haushalt und beim Aufziehen der Kinder, Weitergabe von wichtigen und manchmal lebenswichtigen Informationen. Von der Forschung lange Zeit übersehen aber wurde dabei dieser beinahe mystische Faktor „Kontakt" – der recht handfeste gesundheitliche Konsequenzen hat. Allerdings, Kontakt gibt es nicht zum Nulltarif.

Intensive, auf Jahre haltbare Bekanntschaften und Freundschaften wie bei den Bürgern von Roseto verlangen uns viel ab: Verzicht auf Kontakt zu vielen anderen Menschen zum Beispiel und ein geregeltes Leben mit viel Zeit für Gemeinsamkeit, die anderswo fehlt. Dann erst werden um den großen Tisch von „La Mama" die positiven gesundheitlichen Wirkungen freigesetzt.

Aber schon spontane Kontakte zu Menschen können helfen. Das zeigt ein Beispiel, das der amerikanische Psychologie-Professor James Lynch auf der Intensivstation für Herzinfarktpatienten der Harvard-Universität beobachtet hat:

> *Ein Mann, 54, liegt nach zwei Wochen auf der Intensivstation im Sterben. Er ist Alkoholiker, während der letzten 14 Tage hat ihn niemand besucht, niemand hat nach ihm gefragt. Am seinem letzten Tag liegt er im tiefen Koma. Sein Körper ist von Curare völlig gelähmt, er wird künstlich beatmet, sein Puls ist hastig und unregelmäßig. Und dennoch: Als eine Schwester hereinkommt und für einen Augenblick seine Hand hält, beruhigt sich sein Puls sofort und wird völlig regelmäßig.*

Jedes bisschen zählt.
Und nicht erst am letzten Tag des Lebens.

10 Glück durch Selbstständigkeit. Eine Frau nimmt ihr Leben in die Hand

„Alles Sch...!" Nina hätte diese beiden Worte am liebsten laut herausgeschrien. Aber das ging nicht.
Erstens sagt eine junge Ärztin mit klarem Verstand so etwas nicht. Zweitens nicht laut. Drittens nicht, wenn Patienten in der Nähe sind.
Und viertens saß ein Teil der „Sch..." in der Kantine des Krankenhauses ganz in ihrer Nähe, Dr. Mathias Müller-Christiansen, der neue Chefarzt, der sich für unwiderstehlich hielt und den Nina hatte spüren lassen, dass sie ihn nur unausstehlich findet.

Nina konnte ihre Emotionen meist gut mit dem Verstand kontrollieren. Nur, was jetzt in ihr hochkam, raubte ihr fast den Verstand.

Ihre Ehe war den Bach runtergegangen. Trennung „auf Probe". Aber ihr Mann, das wusste sie, hatte schon eine andere. Hohe Bankschulden kamen dazu – die vor zwei Jahren gekaufte Wohnung. Und Müller-Christiansen hat sie gemobbt und gebosst, wie sie es bisher nur aus Zeitschriften kannte. Nachtdienst, Sonntagsdienst, Bereitschaftsdienst ...
Nina hatte nur einen Zeitvertrag an der Klinik. „Wenn der Herr Doktor Doppelname den nicht verlängert – dann kracht alles zusammen", ratterte es ihr durch den Kopf.

Nina stand auf.
Sie hätte zu ihrem Bankmenschen gehen müssen. Kreditrahmen erweitern. Zu einem Anwalt für Familienrecht. Zum Arbeitsamt – vorsichtshalber. Aber sie machte einen

Termin bei einem Psychoanalytiker, drei Stunden die Woche, Montag, Mittwoch und Freitag, immer morgens von sieben bis acht.

Ihre Freundin Anja, Ärztin an derselben Klinik, bekam den Unterkiefer nicht mehr hoch, als sie ein paar Wochen später von der Psychoanalyse erfuhr.

„Nina! Du? Auf der Couch? Hast du den Verstand verloren? Du hältst doch weniger als überhaupt nichts vom heiligen Sigmund Freud. Alles Quatsch, hast du immer gesagt."

„Ist es auch", antwortete Nina. *„Ehrlich, ich hör' überhaupt nicht zu, wenn der Psychoanalytiker etwas sagt. Meist analysiert er mein Schweigen."*

„Nina. Du hast echte Probleme. Du musst was tun. Du kannst dich doch jetzt nicht drei Stunden die Woche auf die Couch legen, auf die faule Haut, über Kindheitsfantasien brüten und Träume analysieren lassen! Du sagst doch immer, du bist pleite. 120 Mark die Stunde. Das sind im Monat ..., oh Gott, da kannst du jeden Monat eine Woche hinfliegen, wo die Sonne scheint und der Pfeffer wächst. Mach Urlaub! Fahr weg! Warum zum Seelenklempner?"

„Ich sag's dir. Ich freue mich immer auf den nächsten Couch-Termin. Da ist Ruhe. Da fühle ich mich geborgen. Das ist Balsam. Die drei Stunden sind mir heilig. Ich spüre Zufriedenheit – völlig absurd, wenn ich mir meine Situation klar mache. Aber es ist so."

Die Heilkraft der positiven Gefühle

Was Nina in sich spürte, war die große, die heilsame Kraft der positiven Gefühle.

Warum hilft Psychotherapie – und sogar Psychoanalyse? Niemand kann es wirklich erklären, die Psychoanalytiker können es seit hundert Jahren nicht.

Aber eine große Studie der hoch angesehenen amerikanischen Verbraucherzeitschrift *Consumer Report* hat Mitte der 90er-Jahre gezeigt:

- Mehr als 90 Prozent von rund 6.000 Befragten, die psychotherapeutisch behandelt worden sind, sagen, dass sie davon „stark profitiert" haben.
- Diese Zahl liegt deutlich höher als Expertenschätzungen. Wissenschaftliche Studien über Nutzen und Erfolge von Psychotherapie gehen von nur 65 Prozent aus.
- Mehr noch: Die Experten sind sich weitgehend einig, dass es auf die Therapiemethode kaum ankommt. Ob es sich um Psychoanalyse, Gesprächstherapie oder eine andere der vielen Dutzend Therapien handelt, macht meist kaum einen Unterschied. Wichtig ist nicht die Methode, sondern die Therapeutin/der Therapeut.

Ein Durcheinander!

Aufklären kann es der amerikanische Psychologe Prof. Martin Seligman, der auch die *Consumer-Report*-Befragung wissenschaftlich begleitet hat.

Lässt man alle akademischen Diskussionen beiseite, läuft die Erklärung auf das hinaus, was Nina, die junge Ärztin, gefühlt hat: Therapeuten geben Zuwendung, sie akzeptieren die Menschen und kritisieren sie nicht. Das gibt Geborgenheit. Menschen spüren: Es gibt einen Fels in der Brandung.

Der Fels ist aber nicht die Psycho-Couch, nicht die Therapierichtung, sondern diesen Fels entdecken wir in uns: Es ist das positive Gefühl der Zufriedenheit – auch wenn die Probleme höchste Wellen schlagen.

„Drei Richtige" für das Glück

Die Seele braucht keine „sechs Richtigen", sondern eigentlich nur drei. Erstens Freude, auch Vorfreude – das eben, was Nina gespürt hat, wenn sie an den nächsten Psycho-Termin gedacht hat. Zweitens Zufriedenheit – wie Nina auf der Psycho-Couch – und dann kommt noch ein „drittens" dazu: Interesse am Leben, nennt die amerikanische Psychologin Prof. Barbara L. Fredrickson dieses positive Gefühl.

Fredrickson stammt aus dem Wissenschaftlerkreis um Martin Seligman. „Positive Psychologie" nennen sie ihre Fachrichtung. Sie erforschen die positiven Seiten des Lebens und der Menschen, die Charakterstärken – zum Beispiel Optimismus, Hoffnung, Mut – und die Wirkung der positiven Gefühle. Damit grenzen sie sich ab gegen die „negativen" Psychologen, denen es um die negativen Gefühle – zum Beispiel Angst, Wut, Trauer – geht, um die Charakterschwächen der Menschen.

Unsere wichtigen Grundgefühle sind angeboren: Ärgerlich sein, besorgt sein oder traurig sein, also Wut, Angst und Trauer, sind die großen drei negativen; Freude, Zufriedenheit und Interesse am Leben die großen drei positiven Gefühle.

Interesse am Leben ist das schöne Gefühl, das wir als Kind unterm Weihnachtsbaum kurz vor der Bescherung hatten: „All' die Päckchen und Pakete. Was ist da wohl drin?" Interesse am Leben ist Neugier. Nicht Habgier.

Interesse am Leben haben wir als 16-Jährige bei der ersten großen Liebe gespürt.

- *Sie mag Pommes lieber mit Majo als mit Ketschup. Interessant. Bin ich noch gar nicht drauf gekommen – weg mit der roten Soße.*
- *Er sieht jeden Samstag die Sportschau. Ich setze mich einfach dazu. Toll, was der Mehmet Scholl für Pässe schlägt.*

- *Alle tragen Klamotten von H&M. Nur sie kauft bei C&A. Woher hat sie diese Charakterstärke? Wie kriegt man den Mut, so gegen den Strom zu schwimmen?*

Und dann kommt natürlich noch die Neugier hinzu, was unter den „Klamotten" zu finden ist – obwohl das heute jeder 16-Jährige schon weiß.

Positive Gefühle sind stärker als „positiv denken"

Interesse am Leben ist das Gegenteil von „Ich weiß schon alles". Es heißt: „Ich will alles wissen" – gleich, ob es gute oder weniger gute Nachrichten sind.

So weit war Nina noch lange nicht.

Das positive Gefühl der Zufriedenheit, das sie auf der Couch empfindet, stabilisiert sie. Die Vorfreude auf die nächste Stunde beim Psychoanalytiker hält sie in der Zwischenzeit „am Laufen".

Beides verhindert – das spürt sie instinktiv und hat es auch ihrer Freundin Anja gegenüber angedeutet –, dass sie verzweifelt. Dennoch: Bei Anja schrillen die Alarmglocken. Ihre Freundin kam seelisch über die Runden. Aber ihr fehlte Hoffnung. Optimismus.

Optimismus heißt nicht: die rosarote Brille aufsetzen, sondern heißt: die Kraft finden, sich dem Leben zu stellen – gleich was es bringt. Ein Optimist macht die „Päckchen" auf, die das Leben einem vor die Tür legt – nicht immer sofort, wohl aber, bevor der Inhalt richtig zu stinken anfängt.

Dazu war Nina trotz Psycho-Couch nicht in der Lage. Schon der Gedanke ans Aufschnüren und an die dann folgende „Bescherung" ließ bei ihr keine Weihnachtsgefühle aufkommen, sondern Angst pur, dieses starke negative Gefühl, das uns sagt: „Es ist sowieso schon alles Sch..., noch genauer will ich es gar nicht wissen."

Nur helfen hilft: eine gute Tat ist besser als tausend gute Psycho-Worte

Nina aber hatte Glück in ihrem Unglück, denn Anja hatte verstanden. Nicht reden hilft – auch nicht: reden auf der Psycho-Couch, selbst wenn einem ein Gespräch noch so gute Gefühle gibt.

Nur helfen hilft. Und Anja bekam, während ihr das klar wurde, einen heiligen, aber gerechten Zorn auf Ninas Psychoanalytiker:

„Sag' mal, warum kriegt dieser Westentaschen-Freud eigentlich nicht seinen Hintern hoch? Der müsste sich doch sagen: Auch wenn all' deine Probleme an deiner falschen frühkindlichen Erziehung liegen, an Ödipus-Schnödipus. Du hast jetzt, 33 Jahre danach, ebenfalls einen Sack voll Probleme. Warum sagt er nicht: 'Raus aus meinem Sessel. Runter von der Couch. Jetzt gehen wir zu Ihnen nach Hause und schauen uns gemeinsam Ihre Kontoauszüge an' ...?"

Genau das hat Anja dann getan, hat Nina unter den Arm genommen, ihr einen Prosecco hingestellt: „Hier, trinkt dir einen kleinen Schwipps an. Ich seh' jetzt mal deine Bankbelege durch."

„Päckchen Nr. 1" war ein Schuhkarton mit zumeist ungeöffneten Briefen von der Bank. Anja hat alles nach Datum sortiert und einem Freund gebracht, Anwalt und Steuerberater.

Dann hat sie Nina krankgeschrieben. „Keine Widerrede. Ich bin Ärztin." – „Ich auch." – „Aber eine schlechte, wenn du dein eigener Patient bist."

Am dritten Krankheitstag hat Anja ihre Freundin mit zarter Gewalt zu dem Anwalt geschleift: „Da gehen wir jetzt beide hin. Irgendetwas wird dem schon einfallen." In solchen Situationen hilft das „Alles wird gut", weil es zeigt, wo und wie sich die Dinge konkret ändern können.

Der Anwalt hatte eine schlechte Nachricht, die aber eine eigenartig gute Seite hatte. Eine Scheidung würde Nina und Michael, ihren Noch-nicht-Ex, völlig ruinieren. Also musste eine vernünftige Trennungsregelung her.

„Hurra, wir leben noch." Und das Leben ist spannend

Das war der Durchbruch. Ninas Interesse am Leben – an ihrem zurzeit besch... Leben – erwachte wieder. Eines der Ekelpakete hatten seine Angst einflößende Wirkung verloren. Nina war seelisch bereit, sich diesem Problem zu stellen.

Die praktische Hilfe ihrer Freundin hat das in wenigen Tagen möglich gemacht.

Ob eine Psychoanalyse dasselbe geschafft hätte, muss bezweifelt werden, weil die Psychoanalytiker selbst daran zweifeln. Sie geben nämlich keine Erfolgsgarantie – selbst wenn ihre therapeutischen Bemühungen Jahre dauern!

Diese Geschichte hat kein Happy End. Ein Happy End gibt es im Märchen, in alten Hollywood-Filmen, für 1.500 Euro in Motivations-Seminaren, bis man den Schwindel bemerkt, oder nach dem Tod im Paradies.

Das Leben auf der Erde ist eine unendliche Geschichte von „ups" und „downs". Manche Menschen suchen den einfachen Weg. Sie suchen Fun, trinken Alkohol, nehmen illegale Drogen oder Psychopillen – „Uppers" oder „Downers", je nach dem. Was gerade angesagt ist.

Nina und Michael hatten harte Jahre vor sich. Sie wurden geschieden, die Traumwohnung musste verkauft werden, nur so waren die Bankschulden in den Griff zu kriegen. Nina musste sich einen anderen Job suchen. Das Arbeitsverhältnis mit Chefarzt Dr. Doppelname war nicht zu reparieren. Zwei Jahre hat sie sich mit Praxisvertretungen über Wasser gehalten.

Beide schweben nicht mehr durch Lebensträume von Reichtum und Erfolg. Aber sie leben das Leben. Sie stehen mit beiden Beinen im Leben. Das eine „Bein" heißt: Freude. Das andere: Zufriedenheit. Sie sind wieder neugierig auf das Leben. Sie strahlen wieder Kraft aus. Und häufiger als noch vor ein paar Monaten strahlen sie. Hurra, wir leben.

Lange Geschichte, kurze Moral

Die lange Geschichte, die Sie gerade gelesen haben, hat eine „Moral": 99,9 Prozent aller seelischen Hilfe, die Menschen bekommen, bekommen sie nicht von Psychoanalytiker, Gurus, nicht in Gruppen, Wellness-Centern oder klösterlichen Retreats, sondern von Mensch zu Mensch.

Ganz oft werden wir als Mensch gefordert. Wir finden tröstende Worte, geben Rat, der aber oft nicht befolgt wird. Und dann ist unser Latein am Ende.

Denken Sie in solchen Situationen – in der Familie, im Job, wenn es einer Kollegin, einem Kollegen mies geht – an die Kraft der positiven Gefühle.

- Wenn Sie helfen wollen: Helfen Sie aktiv. Wie Anja es getan hat. Es hat sie nicht mehr als einen klaren Blick auf das Wesentliche gekostet, insgesamt etwa 20 Stunden Zeit und drei Mal die Woche einen „Kontrollanruf". Dann war Nina wieder in der Lage, dem Leben ins Auge zu schauen (und jeden blauen und grauen Briefumschlag zu öffnen).
- Finden Sie die „Orte", an denen jeder Mensch etwas Freude und Zufriedenheit spüren kann – jetzt, nicht irgendwann, wenn „alles gut ist". Denn: Was soll das schlechte Leben, nur weil das Leben es manchmal nicht gut mit uns meint?

Uns selbst verwöhnen – so bringt es Glück

Wenn der Verstand nicht mehr weiter weiß, übernehmen die Emotionen. Dass negative Gefühle – Angst, Wut oder Trauer – krank machen können, ist bekannt. Positive Gefühle aber haben Heilkraft.

Positive Gefühle sind die Kraft, die wir in uns aufsteigen fühlen, wenn nach Tagen des Wartens endlich der geliebte Mensch anruft. Bis vor wenigen Sekunden waren wir traurig, besorgt oder ärgerlich. Dann klingelt das Telefon, wir hören die geliebte Stimme – und noch bevor wir hören, was die Stimme uns sagt, werden wir zu einem fröhlichen, aktiven und lebenslustigen Menschen. Positive Gefühle geben uns große Kraft. Der Humor kommt zurück, alle Fragen, Vorwürfe und Klagen – „Warum hast du nicht wenigstens einmal angerufen?" – sind wie weggeblasen.

So geben wir uns positive Gefühle

Was machen Sie, wenn Sie sich einmal nicht ganz so gut fühlen, wie Sie es verdient haben?

Oft ist es eine gute Hilfe, wenn wir uns dann selbst verwöhnen. Das zeigt eine Studie der Universität von Illinois über Ernährung und positive Gefühle. Sie erklärt, warum Erwachsene – auch gesundheitsbewusste – manchmal einfach wieder die simplen Dinge haben müssen, die wir als Kind so gerne gegessen haben. Die mit viel Fett und Kalorien.

Eis, Schokolade, Pommes und Pizza wecken in uns die unbeschwerten, die positiven Gefühle aus der Zeit, als wir klein waren. Und ein Steak bestellen, ist für viele junge Männer ein Zeichen, dass sie jetzt erwachsen sind. Das ist auch ein gutes Gefühl, das erwachsene Männer sich immer wieder gerne geben, denn dabei geht es „um die persönliche Identität" – so die Forscher aus Illinois.

Jeder Mensch hat seine eigene Methode für das Wohlfühlen, vielleicht ist Ihre in der folgenden kleinen Aufzählung mit dabei:

- ein warmes Bad
- Musik auflegen (oft sind es Oldies)
- einen Spaziergang machen (irgendwo hin an einen vertrauten Ort)
- einen Menschen anrufen (nicht weil wir etwas zu besprechen haben, sondern einfach nur, um die Stimme zu hören)
- Shoppen gehen (gar nicht unbedingt, um etwas zu kaufen) oder
- einfach im Bett bleiben, wenn morgens der Wecker klingelt, sich noch einmal umdrehen und sich zusammenrollen wie Hund oder Katze in der warmen Sonne.

Einfach mal die Arbeit schwänzen

Darf man das?

Einfach nicht zur Arbeit gehen, wenn draußen die Sonne scheint, aber im Herzen haben wir ein Gefühl wie November. Unsere Welt ist grau, unsere Stimmung ist in Moll, wir sind nervös, seelische Herbststürme kündigen sich an. Aber Pflichtmenschen gehen dann trotzdem zur Arbeit: „Reiß' dich zusammen, bloß keine Schwäche zeigen, bloß nicht krank machen, die Pflicht ruft, ran an die Aufgaben."

Eine neue Studie der renommierten Yale-Universität in den USA aus dem Mai 2001 zeigt aber, dass dieser ordentliche Weg nicht unbedingt der richtige Weg ist.

Untersuchungen in drei Großbetrieben mit insgesamt 6.000 Mitarbeitern haben nämlich ergeben: Wer „schlecht drauf ist" macht im Job etwa sieben Mal so häufig Fehler als Kollegen, die seelisch fit sind. Dadurch entstehen den Unternehmen hohe Kosten. Und die Yale-Forscher fanden sogar heraus: Wegen dieser Kosten wünschen sich immer mehr Arbeitgeber, dass Menschen mit seelischen Leiden sich freie Tage nehmen.

„Das macht ökonomisch Sinn", sagt der Psychiater Dr. Norman Clemons zu der Studie: Fehlzeiten von Arbeitnehmern verursachen zwar auch Kosten, oft aber geringere als nicht optimale Arbeit. Clemons ist Leiter des Kommittees im Berufsverband der US-Psychiater, das für die Business Relations, für Kontakte zur Arbeitswelt zuständig ist.

Menschlich macht das auch Sinn. „Wer viel macht, macht auch viele Fehler, wer nichts macht, macht keine Fehler" – diesen Spott aller Streber sollten wir ab und zu durchaus als Rat annehmen, gerade wenn wir im Herzen Pflichtmenschen sind. Zur Arbeit gehen und dann „Mist bauen", ist nicht vernünftig. Also: Lieber sich im Bett noch einmal umdrehen, wenn der Wecker klingelt, ein schönes warmes Bad nehmen, einen Spaziergang machen und alles tun, damit wir uns erst einmal wieder richtig wohl fühlen.

Was dann in uns wirkt, ist die Kraft der positiven Gefühle. Intuitiv spürt ja jeder, wie gut diese Gefühle für uns und unsere Leistungsfähigkeit sind. Und diesen Gefühlen dürfen wir nachgeben. Unter Berufung auf eine Studie der Yale-Universität.

Herz zeigen – auch wenn es gefährlich sein könnte

München nannte sich einmal die Weltstadt mit Herz und ist inzwischen die Weltstadt „mit Nerz". Wenn ich mir vorstelle, dass ein paar tausend Nerz-Vorzeiger (oder Boss oder Prada oder Uniform) ein paar Mal am Tag wieder mehr Herz zeigen würden ... Ein einziger Buchstabe kann Welten ändern.

Es geht um mehr als „Friede, Freude, Eierkuchen" oder „Seid nett zu einander". Ein etwa zwölfjähriger Junge steht am Ende einer Münchner S-Bahn-Station. Zwei ältere Jungen kommen dazu und wollen ihn „abziehen", wollen seine Jacke haben. Einfach so. Der Zwölfjährige macht seine Jacke auf und zieht eine Pistole hervor. Einfach so.

Mehr ist zum Glück nicht passiert. Aber viel muss passieren, damit die negative Grundstimmung, die das Leben heute oft prägt, sich wieder ändert.

Das große „gesellschaftliche Klima" kann kein Einzelner ändern. Aber jeder kann in seinem kleinen Leben die Kraft der positiven Gefühle etwas häufiger einsetzen. Sie weckt bei uns selbst und bei zehn anderen Menschen jene „guten alten Werte", von denen schon die Rede war: Optimismus, Mut, Hoffnung und unsere Kraft zu lieben.

11 Glück ist ein Körpergefühl und keine Kopfgeburt

Oft Stunden am Tag verbrachte Lara, 34, mit Grübeln. Die Gedanken nagten: „Es hat doch alles keinen Zweck. Ich kann es nicht. Ich kriege es nicht hin." Wie in einem Strudel fühlte sie sich nach unten gezogen.

Vor ihr lagen die Bücher, die sie für eine wichtige Prüfung lesen musste. Ihre Augen fingen die Stelle ein, an der sie das letzte Mal abgebrochen hatte. Sie las – aber die Gedanken waren überall und nirgends. Nichts von dem, was sie las, erreichte sie.

Lara lebte im Irgendwo, Nirgendwo – nur nicht dort, wo sie war.

Die 3-mal-30-Formel

Es gibt einen guten Rat für Menschen in einer Situaion wie Lara, die „in ihrem eigenen Leben nicht ankommen", die einfach nicht da sind, wo sie sind – ein Leiden am eigenen Leben, ein heute so weit verbreitetes sicheres Zeichen für fehlendes Glück. Der Rat heißt: „drei mal dreißig". Gemeint ist: In der Woche 3 mal 30 Minuten Jogging oder Power Walking.

Allerdings: Wenn Lara aus einer ihrer stundenlangen Grübel-Episode wieder herauskommt, erschrickt sie über die verlorene Zeit. Und dass sie dann glaubt, sie hätte keine 3 mal 30 Minuten in der Woche Zeit für sich selbst, für „den Weg des Körpers" – ist ihre eigentliche Tragik.

Erwiesen ist nämlich:

Wenn die Gedanken wie bei Lara immer wieder neu um immer wieder dieselben Themen kreisen, liegt ein Erscheinungsbild vor, dass bezeichnend ist für Depressivität. Und der rastlose Mensch, der am eigenen Leben vorbeilebt, kann sich in der vorausgehenden Phase befinden. Er hetzt so lange, bis der Körper seinen eigenen Weg geht. Ständig im Stress – das macht der Körper nicht auf Dauer mit. Er entzieht uns dann die Lebenskraft und den Lebensmut. Und dann geschieht, was der amerikanische Theologe Prof. Sam Keen als erstes Zeichen seiner Depression erkannt hat:

„Früher oder später passiert es den meisten Menschen. Du wachst eines Morgens auf, und es ist November in deiner Seele. Du fühlst keinen großen Schmerz, nur Leere. Die Freude am Leben, die Begeisterung, sie sind einfach weg. Plötzlich ist Ebbe. Am Strand zurück bleibt eine Linie mit Schmutz und Unrat. Das sind deine Erinnerungen. So weit hat die Flut deines Lebens einmal gereicht ..."

Vorbeugen gegen seelisches Unglück

Das ist Depressivität. Wenn sie einen Menschen einmal erreicht hat, verändert sie sein Leben in umfassender Weise. Zeugnisse aus Jahrtausenden belegen das:

- Lucius Seneca (4 v. Chr. bis 65 n. Chr.), neben Cicero der bedeutendste römische Philosoph, sprach von der „Versteinerung der Seele". Ein Mensch mit solch einer Seele lebt „gelähmt inmitten der Ruinen seiner Sehnsüchte".
- „Sie saugt meine Seele trocken und lässt mir keine Kraft, mich zu wehren", hat Evagrius von Pontus, Kirchenführer im Konstantinopel des vierten nachchristlichen Jahrhunderts, den Zustand der Depression beschrieben.

- Der französische Philosoph und Mathematiker Blaise Pascal (1623-1662) notiert in seinen „Penseés" ("Gedanken"), dass ein Mensch nichts so unerträglich findet wie „völlig unaktiv, ohne Leidenschaften, Beschäftigungen, ohne Unterhaltung oder Amusement zu sein."

Genau das ist Depressivität: das Leiden, das unser Leben von seinen Inhalten entkleidet und uns mit der Frage konfrontiert, welchen Sinn unsere Existenz überhaupt hat.

Sehr viel weniger poetisch spricht eine desillusionierte Generation heute von „Null Bock", wenn sie ihren fehlenden Lebensmut und ihre geringe Lebenskraft meint (oder damit nur kokettiert, wie besorgte Eltern und Erzieher hoffen und sich selbst trösten).

Was beugt dem vor?

Mehrfach in der Woche etwas für die aerobische Fitness tun. Der in einer immer umfangreicher werdenden Forschungsliteratur (zum Beispiel: Emrika Padus: *Emotions and your Health*. Rodale Press, 1992) belegte Nutzen ist:

- mehr Energie (körperliche und seelische)
- die Hintergrund-Emotion Nervosität wird spontan abgebaut
- spontan seelische Hochgefühle
- verbessern den Schlaf, die Gedächtnisleistungen, die Kreativität
- erhöht die Konzentrationsfähigkeit
- baut Stress ab
- beugt Stressreaktionen in Krisenzeiten vor
- verbessert das Selbstvertrauen
- verhindert Streitlust mit all ihren negativen Folgen, denn wer Streit sucht, bekommt ihn auch
- macht uns innerlich bereit, mit anderen Menschen in Kontakt zu treten
- verbessert die Lebensfreude und innere Ausgeglichenheit langfristig
- wirkt Depressivität entgegen

Nicht drei, sondern fünf Tage in der Woche Jogging oder Power Walking kann – auch das ist wissenschaftlich belegt – innerhalb von etwa zehn Wochen sogar Depressionen abbauen. (Voraussetzung ist natürlich, dass Herz und Kreislauf durchtrainiert sind.)

Das Körper-Glück

Unser Körper ist der Ort, an dem wir Geborgenheit spüren, wenn er auf gute Weise versorgt ist. Das ist eine wichtige Basis jeden Glücks – und den Körper gut zu pflegen und zu versorgen ist eine Tätigkeit, die glücklich macht: nicht allein das gute Essen, sondern bereits das gute Kochen.

Möglicherweise im Spott hat Heraklit (544–483 v. Chr.) vom „Glück des satten Ochsen" gesprochen, der genug zu fressen hat. Aber Hunger ist ein Trieb, der einen wirklichen – keinen eingebildeten – Mangel anzeigt und Unglück bedeutet.

Hunger und anderen Trieben kann man eine Zeit lang widerstehen. Aber irgendwann melden vernachlässigte Körperbedürfnisse sich so stark, dass sie den ganzen Menschen dominieren. Deshalb hat es immer wieder auch Philosophien gegeben, die nicht das Bewusstsein, den Verstand, den Weltgeist oder Gott zum Anfang und Ende erklären, sondern den Körper.

In diesem Zusammenhang zu allererst wird der griechische Philosoph Epikur (342–270 v. Chr.) ebenso oft genannt wie missverstanden. Von ihm sind Sätze überliefert wie

- *Gehe deinem Vergnügen nach.* Oder:
- *Jedes Wesen strebt, sobald es geboren ist, nach Lust und freut sich daran als dem höchsten Gut, während es den Schmerz als das höchste Übel meidet.*

Glück durch Lust

Epikur gilt vielen deshalb als „Entdecker des Lustprinzips" – nicht falsch, aber knapp daneben ist auch vorbei. Epikur hat nämlich auch die Tugend gepredigt – allerdings keine griesgrämige, keine verbietende, sondern überliefert sind Feststellungen wie:

> *Ich weiß nicht, was ich noch Gutes nennen soll, wenn ich die Lust des Geschmacks, die Lust der Liebe, die Lust des Ohres sowie den Reiz einer schönen Gestalt abrechne.*

Tugend war für ihn der Steuermann, der das Schiff zwischen den Angeboten am höchsten Gut, an der Lust, hindurchzuleiten hatte. Sein eigentlicher Rat also galt der Askese – allerdings einer fröhlichen Variante jener Glückslehre vieler Menschen, die gar nicht so glücklich in die Welt hinausschauen.

Auch Epikur fordert Verzicht, nämlich darauf, jede sich bietende Lust anzustreben: Wer zwischen einem guten Gespräch und einem guten Wein wählen kann, muss sich entscheiden, sagt er, denn der Wein trübt den Verstand und macht ein gutes Gespräch unmöglich.

Und er formulierte als einer der Ersten die Erkenntnis, dass Glück etwas anderes ist als nur die Abwesenheit von Unglück: *Seelenfrieden und Freisein von Beschwerden sind Lust in der Ruhe; Vergnügen und Freude aber sind Erregungen, die die Seele in Tätigkeit versetzen.* Mehr als 2.000 Jahre später hat die Psychologin Prof. Barbara Fredrickson es ganz ähnlich formuliert: *Freude macht uns geistig, seelisch und körperlich aktiv.*

Was das Lustprinzip meint, ist:

- Fang beim Grundlegenden an, bei dem, was du sowieso tust, und suche dort ein beständig erreichbares Glück.

Epikurs Beispiele eben waren

- Lust für die *Geschmacks*nerven
- Lust der *Liebe*
- und Lust für *Ohren* und *Augen* (*"Reiz einer schönen Gestalt"*)

Jeder Mensch hat hier seine eigenen Präferenzen für seine eigenen Glückserfahrungen. Wichtig ist nur eins: Präferenzen. „Anything goes" stimmt für viele und vieles, aber nicht für den Menschen, der Lust sucht, die Glück bringt. Darin liegt die eigentliche Weisheit des Körpers.

Wie der Körper unglückliche Gedanken und Gefühle bändigt

Den Körper können wir auch nutzen, um Gedanken und Gefühle, die uns unglücklich machen, zu kontrollieren und ihre Macht über uns zu beschneiden.

> *Pierre stapfte durch den Englischen Garten in München, schaute vor sich auf den Boden. Seine Lippen bewegten sich etwas. Zu hören war nichts. Falls doch, wäre zu hören gewesen: „Einhundertachtzig, Einhunderteinundachtzig, Einhundertzweiundachtzig, Einhundertdreiundachtzig" – und dann hörten die anderen Spaziergänger doch etwas, ein lautes: „Merde allors, verdammt noch mal."*
>
> *Pierre ist ein erfahrener Psychotherapeut, der sich in allen Geheimnissen der menschlichen Seele auszukennen glaubte. Aber an einer einfach klingenden Übung war er wieder einmal gescheitert.*

Für schwierige Lebenssituationen kennt jeder Mensch zwei gute, einfache Ratschläge: „Zähle bis zehn, bevor du eine

Entscheidung triffst" oder „Mache erst einen Spaziergang". Beides vernünftig, beides hilft. Und wenn beides kombiniert wird, ergibt es eine Methode, die in vielen Situationen helfen kann – sogar in schwersten akuten seelischen Notsituationen. Wann immer ein Mensch „außer sich" ist, hilft ihm diese Übung, wieder zu sich kommen. Was zu tun ist:

> Gehen Sie spazieren und zählen Sie dabei Ihre Schritte 1, 2, 3, 4, 5, 6, 7, 8, 9, 10 – das ist sehr einfach. Zählen Sie nach der „10" aber nicht „11, 12, 13 ..." weiter, sondern fangen Sie wieder bei „1" an. Als Pierre diese Übung zum ersten Mal gemacht hat, hat er sich selbst sagen hören: 349 („mein Rekord").

Diese kleine Übung – und werten Sie sie nicht ab, bevor Sie sie nicht probiert haben – ist wie ein „Naturheilmittel", das bei ganz vielen Problemen hilft, obwohl und weil kein Mensch sie schafft. Es klingt einfach: Bis Zehn zählen und dann wieder von vorne, ist aber so schwer, dass auch Sie es nicht schaffen werden. Probieren Sie es aus. Wetten, dass ...

Ruhig werden, sich vor Verzweiflung bewahren

Gehen, zehn Schritte zählen und dann wieder bei Eins anfangen – das ist eine sichere Methode, innerhalb von zwei, drei Minuten Erregung zu dämpfen, das aufgewühlte Gemüt zu beruhigen und sicherzustellen, dass sich Gedanken und Gefühle wieder sammeln.

Warum das so ist, kann erklärt werden:

Je größer die Anspannung ist, unter der wir stehen, desto höher ist unsere innere Erregung und desto „enger" und „primitiver" unser Verstand ausgeprägt (siehe Kapitel 20). Alle Menschen, auch feindifferenzierte Persönlichkeiten, werden unter Druck letztendlich reduziert auf fundamentale Reaktionen: „Fight" oder „Flight" (Kämpfen oder Flüchten), oder sich fatalistisch fallen lassen und sich einem Menschen oder einer Situation ergeben.

Das muss nicht sein.

Negative Gedanken und Gefühle sind kein unabwendbares Schicksal. Und positive Gefühle sind kein Götter-Geschenk, auf das wir nur hoffen, für das wir aber selbst nichts tun können.

Wir können uns selbst zum Glück verführen – zum Glücklichsein, zum Glücklicher-Sein sowieso. Der Körper ist dabei ein guter Ausgangspunkt. Um ihn mit Jogging und Hanteln zu schinden, ist er eigentlich viel zu wertvoll.

Noch einmal: Halten Sie Glück für „machbar"?

In Kapitel 6 hatten wir bereits die Fragen nach dem Glauben an die „Machbarkeit des Glücks" gestellt. Für Anworten auf hoch philosophische Fragen gibt es einen guten Rat: „Tiefer hängen".

Für Glück muss man etwas tun und kann man etwas tun. Wollen Sie etwas tun? Das ist die Art, wie die Frage nach der „Machbarkeit des Glücks" gestellt werden sollte, damit man eine Antwort auch geben kann.

Denken und Wollen braucht Grenzen. Alles gute psychologische Wissen und Wollen muss und kann auf das Machbare reduziert werden. Denn wer auch nur alles wissen – geschweige denn: tun – wollte, was allein schon gegen negativen Stress gut für uns Menschen ist, bräuchte wohl einen 36-Stunden-Tag. Und wer alle Anti-Stress-Programme ausführen würde, die es gibt, bekäme garantiert einen Herzinfarkt.

Was zu viel ist, ist zu viel. Es muss ausgewählt werden. Nehmen Sie sich nichts vor, was

- neues Wissen
- Fortbildung

- Training
- Zeit
- Geld

erfordert. Gehen Sie von dem aus, was Sie sowieso jeden Tag tun. Und wenn Sie etwas für Ihr Körper-Glück tun wollen, setzen Sie bei dem an, was Sie sowieso bereits tun: Gehen, Treppensteigen, Einkaufstüten tragen (und keine Hanteln).

Fitness-Glück für Faule

Es gibt drei Arten von und drei Gründe für Fitness.

a) Fitness für die Gesundheit. Das ist das bisschen, das jeder tun sollte, und zwar drei mal 30 Minuten den Kreislauf anregende Bewegung. Die 30 Minuten darf man noch einmal in drei 10-Minuten-Blöcke aufteilen. Das bringt für die Gesundheit so viel wie die ausgetüfteltsten Fitnessprogramme.

b) Fitness für Good Feelings. Stichwort: Runner's High. Fitnessübungen helfen aber auch schon sehr viel früher – also: vor dem „High" – gegen Angst, Trauer und andere negative Emotionen. Und sie fördern auch das Sich-Wohlfühlen früher, auch das Sich-Wohlfühlen unter Menschen – speziell, wenn man die Übungen gemeinsam mit anderen Menschen ausführt. Das ist ein sehr gutes psychologisches Hausmittel gegen Schüchternheit und Kontaktprobleme.

c) Fitness für den Waschbrettbauch. Darin suchen die Fitness-Verrückten ihr Glück, die Menschen, die die Fitness-Zeitschriften und -Bücher nicht lesen, weil man mit einer 50-Kilo-Hantel in den Händen so schlecht umblättern kann.

Wer glücklicher werden will durch körperliche Betätigung, für den ist c) überflüssig, b) ist eine Option für Schlechtfühl-Tage, aber a) ist ein Muss.

Und niemand sollte sich durch die b)- und c)-Typen (die mit gestylten Outfits und gestylten Körpern) demotivieren lassen. a)-Typen tragen Straßenkleidung, steigen Treppen hoch, machen Spaziergänge mit etwas mehr Tempo und tragen statt einer Hantel zum Beispiel eine Einkaufstüte in der Hand.

Zur Fitness kommen durch positive Gefühle

Lieben Sie den Sport, den Sie betreiben?
Wer Sport treibt, sollte das genießen und sich damit nicht quälen. Mit die größte Qual, so der amerikanische Sportpsychologe Gary Mack, der mehrere Profi-Mannschaften berät, ist, Sport unter dem Blickwinkel von Wettbewerb und Sieg zu sehen. So setzt man sich unter Stress und bekommt nicht genug Gegenwert für seinen körperlichen und seelischen Einsatz.

Pelé, der vielleicht beste Fußballspieler aller Zeiten, hat sich eine Stunde vor jedem Spiel auf eine Bank gelegt, an seine Kindheit gedacht und sich innerlich einfach die Freude zurückgeholt, die er hatte, als er früher am Strand dem Ball nachgelaufen ist. Erst danach war er seelisch bereit, sich auf das angesagte Fußballspiel einzulassen.

Die besten Sportler, so Mack, spielen auch nicht für ein gutes Ergebnis. Anders als viele Freizeitsportler verbinden sie ihren Selbstwert nicht mit Sieg oder Niederlage. Alles, was sie wollen, ist gut spielen. Und nicht hart arbeiten.

Mack's wichtigster Tipp für Profis und Freizeitsportler: Qualität ist beim Sport wichtiger als Quantität. Jedes Training und jeder Wettkampf fängt immer mit etwas Psychologie an.

Golfer sollten sich zum Beispiel aufwärmen und dann etwas putten, um sich so überhaupt erst einmal innerlich vom Alltag abzulenken und die Gedanken auf das Spiel zu lenken. Mack erinnert an Ben Hogan, den besten Golfer seiner Zeit, der in zwei Trainingsstunden nur etwa 50 Bälle schlug (viele Golfanfäger schlagen 50 Bälle in vielleicht 20 Minuten). Aber Hogans Schläge hatten einen Sinn. Er dachte vorher und nachher über jeden Schlag nach. Wenige langsam geschlagene Bälle, sind ein viel besseres Training als viele schnell verschlagene.

Warum Fitness und Wellness nicht wirklich glücklich machen

Kaum etwas hat das Leben so vieler Menschen in den vergangenen beiden Jahrzehnten so bereichert wie die Wellness-, die Fitness-Bewegung.

Aber diese beiden Trends stoßen an eine Grenze: Für körperliche Fitness und Wellness kann jeder etwas tun, kann jeder Erfolg haben – und der Erfolg hängt ausschließlich von einem selbst ab.

Im Bereich der Glücksgefühle aber ist dies leider anders. Denn schon das alte Sprichwort sagt: „Es kann der Frömmste nicht in Frieden leben, wenn es dem bösen Nachbarn nicht gefällt".

Wir können drei oder dreizehn Kilometer laufen und ein Runners' High nach dem anderen erleben. Wir können für ein paar tausend Mark ein Super-Wellness-Wochenende machen, bei dem die Seele nicht nur baumelt, sondern swingt.

Aber unser Chef, unser Partner und viele andere „bösen Nachbarn" können in Sekunden das gute Gefühl wieder kaputtmachen und dafür sorgen, dass wir nicht mehr in Seelenfrieden leben. Ein Blick, ein Wort kann reichen. Und im Nu können alle negativen Emotionen wieder auf uns einwirken– angefangen mit Adrenalin, dem Stresshormon.

Ob wir Glück spüren, wenn wir Wellness und Fitness spüren, hängt nämlich nicht von uns alleine ab. Leider. Selbst die guten Wirkungen von drei Wochen Wellness-

und Fitness-Urlaub können nach drei Tagen in der alten Tretmühle wieder verschwunden sein.

Da brauchen wir Positive Psychologie. Sie ist ein Wellness-Programm, bei dem wir nicht nur für uns alleine sorgen, sondern für andere Menschen mit: für Partner, die eigenen Kinder, Kollegen und für alle Menschen, die uns wichtig sind. Denn erst, wenn auch sie sich wohl fühlen, können sie aufhören, ihre negativen Gefühle auf uns zu übertragen.

Deshalb wird in der Positiven Psychologie nicht nur über positive Gefühle geforscht, sondern über alle Stärken und Werte, die wir Menschen haben und die uns das Leben lebenswert machen, weil sie sich im Zusammenleben mit den Menschen positiv auswirken.

Und nur wenn das geschieht, fühlen wir Glück. Ganzheitlich.

Teil 3

Wissenschaftlich erforschte Bausteine für mehr Glück

12 „Erleuchtung" im Licht einer 40-Watt-Birne

Bei Briefen ist das Wichtigste oft, was nicht darin steht. Ähnlich hier in diesem Buch.

Vieles, was uns wichtig ist und die fünf Buchstaben G, L, Ü, C, K enthält, finden Sie in diesem Buch nicht, weil Sie es in anderen Büchern finden. Über G, L, Ü, C, K ist viel geschrieben worden, oft aber handelt es sich in Wirklichkeit dabei um U, N, G, L, Ü, C, K, weil das Glück auch Autoren aus der Hand gleitet. Wie glitschige Seife. Und so wird aus dem Thema „Glück" eine Anleitung zum Nicht-unglücklich-Sein.

Davon finden Sie viel in der Literatur, Besseres und Schlechteres, und einige Bücher möchte ich Ihnen empfehlen, falls Sie Literatur gegen das ganz normale Unglücklichsein suchen:

- Ludwig Marcuse, *Philosophie des Glücks* (Diogenes Verlag) – wenn Sie sich darüber informieren wollen, was die großen Philosophen über Glück nicht nur gedacht, sondern auch für ihr eigenes Glück gemacht haben.

Im mvg-verlag gibt es drei lesenswerte, praktische Bücher, wenn Sie wissen möchten, was konkret und praktisch gegen das Unglücklichsein getan werden kann:

- Robert L. Otter, *Trotzdem glücklich*
- Albert Ellis, *Training der Gefühle*
- Nathaniel Branden, *Die sechs Säulen des Selbstwertgefühls.*

Und ein sehr einfaches, zupackendes Buch gegen das Unglücklichsein ist

- Florian und Gabriele Langenscheidt, *1.000 Glücksmomente* (Heyne Verlag)

Dieses Buch hält, was der Titel verspricht. Tausend Ideen, Glück zu spüren, werden aufgelistet.

Die Glücksmomente reichen von *Kinderlachen* über *das Wiederfinden eines verlorenen Schlüssels* bis zum *Feststellen, dass es mehr als 1.000 Glücksmomente gibt.* Diese Botschaft ist einfach und wichtig. Glück ist immer möglich – aber nicht jedes Glück in jedem Fall sofort, auch wenn man es sich noch so sehr wünscht.

Florian Langenscheidt ist Verleger – unter anderem jener Bücher, die noch den Namen der Familie tragen, aber die Nachschlagewerke Duden, Brockhaus und Meyer gehören ebenfalls dazu. Gabriele Langenscheidt stammt aus einer Industriellenfamilie. Und allein, dass dies Ehepaar sich hingesetzt und aufgeschrieben hat, welche 1.000 kleine Dinge sie glücklich machen, ist ein Anstoß, dies selbst auch zu tun.

Luwig Marcuse war Professor für Philosophie, sein erstmals 1949 erschienenes Buch ist lesenswerter und erfreulicher zu lesen als vieles, was von vielen Philosophen davor und danach geschrieben worden ist.

Robert L. Otter ist Psychologe in München. Ihm ist zu verdanken, dass einer der wichtigsten Persönlichkeits-Tests der Psychologie in deutscher Ausgabe vorliegt. Otter lehrt Konfliktlösungsmethoden.

Albert Ellis, Jahrgang 1913, lehrt und lebt in New York. Er war ursprünglich Psychoanalytiker und hat sich in den 50er-Jahren des letzten Jahrhunderts von Sigmund Freud's Lehren abgewandt, *„weil* [die Psychoanalyse] *sich intensiv um alles unter der Sonne kümmert, was irrelevant ist. Menschen* [auch Patienten, die er selbst psychoanalytisch behandelt hat] *bekommen Einsichten in das, was sie stört, aber sie haben kaum etwas getan, um etwas zu ändern. Freud muss ein Gen für Ineffizienz gehabt haben,"* sagt Ellis. Er hat eine neue, effiziente Form der Therapie begründet, die Rational-Emotive-Therapie, abgekürzt RET.

Nathaniel Branden ist Psychotherapeut und Unternehmensberater in den USA. Sein Buch über das Selbstwertgefühl ist ein internationales Standardwerk – und ist, wie die anderen hier genannten Titel, leicht und mit Gewinn zu lesen.

Wo Sie über Glück nicht viel mehr erfahren als „nichts Genaues weiß man nicht"

Über Glück gibt es eine wirklich „erschöpfende" Literatur – erschöpfend für den, der sich in den Schriften der mehr oder weniger großen Meister darüber informieren will, wie ein glückliches Leben denn wohl aussehen könnte.

Wie Tarzan an der Liane hangelt man sich von Erleuchtung zu Erleuchtung und lernt dabei, dass das Licht, das eben noch gestrahlt hat, nur ein Flackern war. Jede Erleuchtung vermittelt ein spontanes Glücksgefühl – aber diese Art von Glück ist von kurzer Dauer (siehe Kapitel 22), wenn man sich so einfache und praktische Fragen stellt wie:

- „Und jetzt? Was muss ich jetzt tun, um auch nur ein bisschen glücklicher zu leben?" Oder:
- „Es gibt Menschen, an deren Glück ich interessiert bin, meine Partnerin/mein Partner zum Beispiel, mein Kind, Verwandte, Freunde und noch ein paar Menschen, die mir am Herzen liegen, Kollegen, Mitarbeiter, Nachbarn. Wie kann ich ihnen zeigen, wie ein glücklicheres Leben aussieht?" Oder:
- „Es geht mir selbst viel besser, wenn ich glückliche Menschen um mich habe. Was kann ich tun, damit das Leben und Zusammenleben glücklicher wird?"

Die Lektüre vieler Bücher, die uns „verwirrt zurücklassen – wenn auch auf höherem Niveau", habe ich Ihnen abgenommen. In vier Arten von Glücks-Literatur werden Sie nicht fündig, wenn Antworten auf die eben gestellten einfachen Fragen Sie interessieren:

1. Abgenommen habe ich Ihnen die Lektüre einiger Philosophen.
Das Vergnügen, ihre Schriften zu lesen, kann und sollte jeder Mensch für sich suchen, der darin persönliche Glücksmomente findet. Aber wenn Sie etwas darüber

finden möchten, wie man das macht, glücklich leben, stoßen Sie immer wieder auf den wirklich anmaßenden Hinweis auf zwei Arten von Glück:

- einerseits: das Glück der Dummköpfe (Voltaire, 1694–1778) oder gar das Glück des Ochsen, der genug zu Fressen findet (Heraklit, 544–483 v. Chr.),
- andererseits: das Glück des Philosophen

Entscheide dich für Dummheit oder dafür, dein Glück im Lesen und Denken zu finden, lautet die Botschaft. Ist sie klug? Ist sie dumm? Vermutlich beides.

2. Abgenommen habe ich Ihnen auch die Lektüre vieler psychologischer Schriften.
Durchgehende Enttäuschung bei vielen psychologischen Abhandlungen, die sich überhaupt mit so etwas allzu Menschlichem wie Glück befassen: Geschrieben wird nicht wirklich über Glück, um so mehr dafür aber über Unglück und wie man es vermeiden kann.

Warum?

Mehr als 90 Prozent der Psychologen, Psychotherapeuten und Psychiater verdienen ihren Lebensunterhalt damit, dass unglückliche Menschen zu ihnen kommen. Mit Beratung, Medikamenten oder Therapien versuchen diese Experten fürs Unglücklichsein dann, Unglück zu dämpfen – in der durch nichts begründeten Hoffnung, dass Glück sich irgendwie von selbst einstellt, wenn jenes Ziel erreicht ist, das Sigmund Freud einmal für die Psychoanalyse ausgegeben hat: *nicht Glück, sondern das ganz normale Unglück.*

Im Grunde – und in ihrer Arroganz – stehen viele Angehörige der „Psy-Berufe" den Philosophen nicht nach. Sie empfehlen ihre eigene Lebensart: ihre ständige Beschäftigung mit dem Unglück. So „machen sie ihr Glück", denn damit kann man ja Geld verdienen und seinen Lebensunterhalt bestreiten.

3. Kaum fündig werden Sie ebenfalls in vielen populär-psychologischen Ratgebern.
Viele enthalten Programme und Schritte – ganz einfache, ganz viele. Warum die Programme dennoch nicht funktionieren, hat Robert L. Otter erklärt: Die Psycho-Programme setzen auf gute Vorsätze. Aber mit denen ist bekanntlich der Weg zur Hölle gepflastert. Wir Menschen aber sind Gewohnheitstiere. Wir können ein Verhalten kaum ändern, nur weil wir uns ändern wollen.

Ein zweiter Blick in viele populär-psychologischen Ratgeber zeigt einen zweiten Grund für fehlende Effizienz. Oft sind die Autoren Anbieter von Seminaren. Die persönliche Begegnung mit ihnen ist wichtiger als das geschriebene Wort. Ihre Bücher sind oft Mitschriften – und manchmal auch Werbeschriften.

4. Ein Sonderfall für die ganz praktische Suche nach Informationen über ein glückliches Leben ist die „große Literatur".
Das Lesen bringt Glück, aber kaum praktischen Rat. Als Beispiel ein kurzes Zitat aus Dostojewskis „Dämonen": *„Alles ist gut ... Alles. Der Mensch ist unglücklich, weil er nicht weiß, dass er glücklich ist. Nur deshalb. Das ist alles, alles! Wer das erkennt, wird gleich glücklich sein, sofort, im selben Augenblick ..."*

Dies Zitat habe ich einem vor rund 20 Jahren ziemlich erfolgreichen Buch über Glück entnommen. Geschrieben hat es ein Meister aus Österreich, der Psychologe Prof. Paul Watzlawick, ein Kluger, der viel von seiner Klugheit seinen Studien über ein trauriges Thema verdankt: Entstehung von Schizophrenie.

Mit österreichischem Charme und Schmäh hat Watzlawick sein Buch „Anleitung zum Unglücklichsein" genannt. Ich hab' immer gedacht: „Was will der Künstler uns eigentlich sagen?" Die Auflösung gibt er ganz am Ende: erst das Dostojewski-Zitat und dann folgt Watzlawicks letzter Satz: „So hoffnungslos einfach ist die Lösung."

Glücklich leben: einfach und hoffnungsvoll

Praktischer Rat hingegen findet sich in einer neuen Richtung der wissenschaftlichen Psychologie, die sich Positive Psychologie nennt. Dies Buch stützt sich auf diese Forschung und zieht einige andere Quellen zu Rate. Ein „Bauplan für ein glückliches Leben" kann es nicht sein, wenn man darunter eine komplette Anleitung versteht. Aber Bausteine liefert dieses Buch, und zwar eine ganze Menge.

Keine Seminare, keine Programme, keine Trainings, keine Therapien

Die Wahl zwischen Glück und Unglück haben wir oft – sehr oft. Tagtäglich. Mehrfach.

Ein rühriger Psychologe hat einmal ausgerechnet, dass wir pro Tag etwa 100 Entscheidungen treffen – ganz einfache Entscheidungen:

- Stehe ich auf oder bleibe ich im Bett?
- Dusche ich mich oder reicht ausnahmsweise eine Katzenwäsche?
- Trinke ich Kaffee oder Tee?
- Was ziehe ich an?
- Was mache ich heute?
- Was mache ich heute zuerst?
- Wen sehe ich?
- Wem gehe ich aus dem Wege?
- Wen rufe ich an?
  ... und so weiter, bis wir am Abend entscheiden:
- Gehe ich ins Bett?
- Und manchmal auch: mit wem?

Aus solch einfachen Entscheidungen besteht das Leben. Man kann

- sie treffen (oder auch nicht)
- sie umsetzen (oder auch nicht)
- und man kann auf das, was andere Menschen oder die Glücksgöttin Fortuna entschieden haben, reagieren (oder auch nicht)

Das ist eine ganz praktische Sicht des Lebens – praktisch, weil sie unser Tun und unser Lassen in den Mittelpunkt stellt. Und wer mehr Glück sucht, muss erst einmal genau dies: etwas tun oder lassen.

Viele dieser Entscheidungen sind vor-programmiert. Das heißt nicht: dass Verhaltensprogramme prinzipiell unveränderbar sind. Es heißt aber – und das ist wichtig, wenn wir etwas verändern wollen: Die Verhaltensprogramme laufen bereits, bevor unser Denken einsetzt (weshalb das Denken oft ein schlechter Ratgeber ist, ganz einfach weil es meist um ein paar Sekunden zu spät kommt).

Großes und kleines Glück ist möglich. Das kleine ist wichtiger

Programmiert haben uns

- die Natur (die Gene)
- die Evolution (bestimmte Reaktionen und bestimmte Verhaltensmuster werden von Generation zu Generation weitergegeben – eine Auswahl aus dem Angebot der Gene, das sich im Laufe der Menschheitsentwicklung als nützlich erwiesen hat)
- die Erziehung, die Gesellschaft, die Kultur
- aber zu einem geringen Teil haben wir uns auch selbst programmiert

Auf allen vier Gebieten können wir etwas ändern, am leichtesten beim letzten (aber auch beim ersten, denn auch die Gene legen Verhalten nicht fest). Die täglich 100 Entscheidungen oder die 1.000 Glücksmomente zeigen, wann, wie und wo.

Solche Entscheidungen sind noch nicht das große Glück. Aber in Kapitel 17 werden Sie lesen, dass das glückliche Leben sich im Wesentlichen aus vielen kleinen Glücksmomenten zusammensetzt – plus einiger Erfahrungen großen und intensiven Glücks.

Mit Glück ist es ähnlich wie in dem Kleine-Jungen-Witz mit der Frage: Was ist schöner, Weihnachten oder Beischlaf? Anwort: Weihnachten. Warum? „Is' öfter."

Das große Glück haben wir meist nicht unter Kontrolle. Leider! Die kleinen Glücksmomente aber sehr wohl. Zum Glück! Und sie sind wichtiger. Sie lassen sich wiederholen und planen.

Wie das geht, darüber sprechen wir hier. Dass es nicht ganz einfach ist – keine falschen Versprechungen (!) –, leuchtet ein, sonst wären alle Menschen glücklicher. Sagen wir es in der Sprache des Marketings: Glücklich leben ist eine Entscheidung für einen bestimmten Lifestyle, und der wird hier von Kapitel zu Kapitel – vom Einfachen zum Besonderen – präziser beschrieben.

Der *Lifestyle* lässt sich – da wird es wieder einfacher – mit fünf Buchstaben, fünf Worten beschreiben. Hier sind sie, aber sie sagen jetzt noch nicht viel aus:

G wie in Geborgenheit
L wie in Liebe und Nächstenliebe
Ü wie in Selbstwertgefühl
C wie in Ich
K wie in Kompetenz

Über Geborgenheit, Liebe und Nächstenliebe, Selbstwertgefühl, die Balance von Ich- und Wir-Gefühlen und persönlicher Kompetenz gibt es gute wissenschaftliche Forschung.

Dieses Buch stützt sich also nicht auf irgendeine „Erleuchtung", sondern auf das Licht der Sonne und meiner Schreibtischlampe, in dem ich (tags und bei gutem Wetter im Englischen Garten in meiner Heimatstadt München und abends zuhause) ziemlich trockene wissenschaftliche Literatur gelesen habe. Erleuchtung durch eine 40-Watt-Glühbirne: Ergebnisse der Glücks-Forschung. Und es stützt sich auf Erfahrung, aber keine bisher geheimen Einsichten, keine mystischen Erfahrungen, Erweckungen, sondern Glückserfahrungen von ganz normalen Menschen, deren Ursachen und Begleitumstände die Glücks-Forscher ausgewertet haben.

Alle Menschen kennen ja Glück.

Alle Menschen haben Glück erfahren.

Viele Menschen suchen mehr Glück im Leben.

Und alle Menschen wünschen sich, das Leben mit glücklichen Menschen zu teilen, denn das Glück anderer strahlt auf uns aus.

Diesen Schatz an Erfahrung hat die Glücksforschung weitgehend gehoben. Ergebnis: Glücklich leben – oder zumindest viel glücklicher als jetzt – heißt: Akzente setzen. Es heißt nicht: das Leben völlig umkrempeln, alles anders machen – und zuvor Seminare, Psychotrainings oder Psychotherapien besuchen. Das Wesentliche ist

- dem eigenen Wissen über das Glück glauben
- sich selbst zu einem glücklicheren Leben regelrecht verführen
- und andere Menschen auch.

13 Was ist eigentlich Glück?

Können Sie definieren, was Glück ist?

Kaum ein Mensch kann sagen, was Glück ist. Und mit anderen wichtigen Lebensfragen ist es genau so, denn: Was ist Liebe? Was ist Sexualität? Was ist Reichtum?

Antworten beginnen dann oft mit: *„Ich weiß es nicht genau, aber wenn ich für mich einmal ganz persönlich sagen sollte ..."*. Dann stockt der redliche Mensch, denn schon beim Sprechen kommen Zweifel: *„Wie bedeutend ist das, was ich empfinde? Jeder empfindet vielleicht etwas anderes. Müsste eine Definition von Glück nicht für alle Menschen gültig sein? Müsste sie nicht zu einem Plan führen, nach dem alle Menschen glücklich werden?"*

Eine Definition von Glück ist wichtig, denn Glück findet man leichter, wenn man weiß, wonach man sucht. Die Definition von Glück, das hier in diesem Buch zu suchen empfohlen wird, besteht aus vier Aussagen:

1. Glück zeigt sich uns dadurch, dass wir uns *persönlich wohl fühlen.*
2. Der Weg zum Glück zeigt sich darin, dass ein Mensch *mit sich selbst im Reinen* ist.
3. Um mit sich selbst im Reinen zu sein, muss man auch *mit den Menschen, mit denen man das Leben teilt, im Reinen sein.* Und
4. mit diesen Menschen – so weit die eigenen und gemeinsamen Kräfte reichen – *das Glück aller Menschen im Auge behalten.*

Wer das Glück für alle will, bringt Unglück

Sie sehen also: Um das Paradies für die Menschheit geht es nicht. Weniger ist mehr.

Die großen politischen Bewegungen, viele Religionen und besonders die Revolutionen in der Geschichte rechtfertigen sich damit, dass ihr Ziel das Glück der Nation, ja der Menschheit, ist.

Keine einzige Revolution aber hat dieses Versprechen eingelöst. Ganz offensichtlich sind die großen Heilspläne der falsche Weg zum Glück und sind der Weg, auf dem viel neues Unglück über die Welt kommt.

Da das so ist, denken viele Menschen das allzu Normale: *Die Welt ist schlecht. Die Menschen sind schlecht. Also versuche ich, für mich persönlich das Beste zu erreichen.* Und dieser Gedanke hat das Bewusstsein vieler Menschen in den letzten beiden Jahrzehnten bis heute geprägt: den ungezügelten Liberalismus.

Psychologisch ist dieser Weg seit den 50er-Jahren des vergangenen Jahrhunderts vorbereitet worden. Das Leitmotiv hieß und heißt: (ungezügelter) Individualismus und Selbstverwirklichung (auf Kosten anderer). Beispiele sind bekannt:

- Der Mann, der seine Frau verlässt, schreibt ihr einen Brief: „Dies ist keine Entscheidung *gegen dich,* sondern eine *für mich.*" Und so schreibt er auch, wenn es gemeinsame Kinder gibt. Und viele Frauen denken auch so.
- Popstars singen: *„You better do it to them before they do it to you",* (Tu's den anderen an, bevor sie's dir antun).
- Und einer der einflussreichsten Psychologen des letzten Jahrhunderts, Prof. Carl Rogers, steht zu Buche mit dem Wort: *„Komm' in Kontakt mit dir selbst. Akzeptiere dich selbst. Sei dir selbst treu. Setze deine persönlichen Rechte durch."*

Individualismus pur – auch ein Weg zum Unglück

Psychologie ist heute für viele Menschen eine Ersatzreligion geworden. Aber nicht alle Päpste sind unfehlbar, auch nicht alle Psycho-Päpste.

Amerikanische Zahlen aber sprechen eine deutliche Sprache gegen ungezügelten Individualismus und falsch verstandene Selbstverwirklichung. Die sind wichtig für uns, weil die USA viele Entwicklungen vorwegnehmen, die wir oft nachvollziehen.

Amerikanische Statistiken belegen jenseits jeden Zweifels, wohin der Weg des reinen Individualismus führt: zu materiellem Wohlstand und seelischem und gesellschaftlichem Notstand. Einige Zahlen:

Seit den 50er-Jahren das letzten Jahrhunderts hat sich die durchschnittliche Kaufkraft in den USA mehr als verdoppelt. In etwa verdoppelt (von 40 auf 75 Prozent) hat sich zwischen 1970 und 1990 auch die Zahl der Studierenden, die als Ziel ihres Studiums und ihres Lebens nicht mehr angeben: „eine Familie gründen" oder „anderen helfen, die in Not sind", sondern „finanziell sehr gut dastehen".

Zugleich aber sind andere Zahlen gestiegen:

- mehr als **verdoppelt** haben sich die Scheidungszahlen
- etwa **verdreifacht** hat sich die Jugendkriminalität und die Zahl der Selbstmorde im Jugendalter
- etwa **versechsfacht** hat sich der Prozentsatz von Kindern, die bereits bei der Geburt nur einen Elternteil haben
- etwa **verzehnfacht** hat sich die Zahl der depressiven Erkrankungen; Depressivität ist heute in den USA bereits eine für Jugendliche und Kinder typische Krankheit

- und von 700 Sechstklässlern, die Anfang dieses Jahrhunderts befragt worden sind, hat jeder (**100 Prozent!**) Jugendgewalt zumindest miterlebt

Ungäubig staunend nehmen wir die Nachrichten über Massaker an amerikanischen Schulen zur Kenntnis. Aufgrund der Sozialdaten aber bleibt nur der Schluss: Sie sind – im Wortsinne – die Spitze eines Eisbergs.

Unser Thema hier ist Glück, nicht Weltverbesserung. Klar aber ist: Glück kann sich nur im gelebten Leben zeigen. Wie wir leben und ob wir Glück finden können, hängt also auch vom Zustand der Gesellschaft ab, in der wir leben.

Zwei Wege zu mehr Glück können als gescheitert angesehen werden:

1. Weltverbessernde Programme, die von einem allumfassenden **Wir-Gefühl** ausgehen – gleich ob politische oder religiöse –, bringen Unglück. Noch jede Revolution hat zu einem Austausch des Führungspersonals geführt, den Anführern vielleicht Glücksgefühle gebracht, aber den Menschen nicht zu mehr Glück verholfen.
2. Der pure Individualismus, das Bauen auf das **Ich-Gefühl** – ob wirtschaftspolitisch oder spirituell motiviert – zieht ebenfalls Unglück nach sich.

Aber es gibt einen dritten, einen redlicheren Weg zum Glück. Er beginnt beim Ich und führt zum Wir. Diesen Weg zeichnen die nächsten Kapitel nach.

14 Glück als persönliches Wohlbefinden

Der dritte Weg zum Glück beginnt mit der persönlichen Erfahrung von Glück. Sie ist real.

Sind persönliche Glückserfahrungen rein subjektiv, rein individuell? Die Antwort ist ein uneingeschränktes „Nein". Wir können von anderen Menschen etwas über das Glück lernen. Denn wir sind

- in mancher Hinsicht wie **alle** Menschen
- in mancher Hinsicht wie **einige** Menschen und nur
- in mancher Hinsicht wie **kein** anderer Mensch

In den vergangenen Jahren sind zigmillionen Menschen in tausenden von Studien in vielen Ländern der Erde Fragen nach dem persönlichen Glück gestellt worden. Die so entstandenen Datenmengen werden von einigen Glücksforschern überblickt. Und wenn man diese Forscher nach ihrer Definition von Glück fragt, kommen sie zu der einfachen und praktischen Aussage: Glück ist persönliches Wohlbefinden.

Alter, Geschlecht, Einkommen und Glück

In den methodisch einfacheren wissenschaftlichen Studien über Glück geht es darum, repräsentative Stichproben über das persönliche Wohlbefinden zu erleben. *Wie schätzen Sie Ihre persönliche Situation ein? Bitte kreuzen Sie an* (und vielleicht haben auch Sie als Leser Lust, hier Ihr Kreuz zu machen):

> Fühlen Sie sich im Moment
> ❏ sehr glücklich?
> ❏ ziemlich glücklich?
> ❏ etwas unglücklich?
> ❏ ziemlich unglücklich?

Es werden also keine philosophischen Fragen gestellt – etwa nach dem Glück der gesamten Menschheit oder nach dem ewigen Glück, das nicht vergeht. Dennoch führen einfache Fragen dieser Art bereits zu interessanten Ergebnissen, wenn zusätzlich noch – wie bei Befragungen üblich – einige andere Daten erhoben werden, etwa Alter, Geschlecht oder Einkommen.

Einer der modernen Glücksforscher, der amerikanische Psychologe Prof. David G. Myers, nutzt diese zusätzlich erhoben Daten zu allererst einmal, um einige übliche Vorstellungen über Glück als falsch zu entlarven (*The Pursuit of Happiness*. Avon Books, 1993):

- *Nenn mir dein Alter – und ich weiß noch nichts darüber, wie glücklich du bist.*
- *Nenn mir dein Geschlecht – und ich weiß noch nichts darüber, wie glücklich du bist.*
- *Nenn mir dein Einkommen – und wenn du die lebensnotwendigen Ausgaben bestreiten kannst, weiß ich noch nichts darüber, wie glücklich du bist.*

Das soll heißen: Glück – das pesönliche Wohlbefinden – hängt also nicht vom Alter ab. Glück ist in jedem Alter möglich, jedenfalls nach Einschätzung der wirklichen Experten des Lebens: der Menschen selbst. Dasselbe gilt für das Geschlecht. Sind Männer glücklicher als Frauen? Oder umgekehrt? Das Geschlecht allein entscheidet nicht über Glück oder Unglück, sagen die bei millionen Menschen erhobenen Daten über das persönliche Wohlbefinden.

Not bedeutet Unglück. Reichtum aber bedeutet nicht Glück

Und für viele Menschen überraschender noch: Auch das persönliche Einkommen sagt wenig über das persönliche Wohlbefinden aus. Die Ergebnisse vieler Glücksstudien zeigen nämlich übereinstimmend:

> *Wenn wirkliche Not herrscht, Hunger zum Beispiel, besteht Unglück. Aber wenn für das Lebensnotwendige gesorgt ist, bringt mehr Geld nicht mehr Glück.*

Glauben Sie das? Dagegen spricht: Wenn die Glücksforscher einfach nur fragen würden: „Wären Sie glücklicher, wenn Sie mehr Geld hätten?", würden vermutlich 99 Prozent aller Menschen mit „Ja" antworten. Dann hätten wir eine jener Statistiken, mit denen man alles beweisen kann.

Aber auch 99 Prozent der Menschen können irren, wenn irreführende Fragen so gestellt werden, dass die Antwort vorausberechnet werden kann. Denn was sagen etwa 99 Prozent aller Menschen auf die Frage: „Wie geht's?", die ja auch eine Frage nach dem Glück ist? „Danke gut."

Auf die Frage: „Fahren Sie besser Auto als der Durchschnitt?" antworten etwa 90 Prozent der Menschen mit „Ja". Manche Fragen zielen also nicht auf Wahrheit, sondern auf Illusionen ab. Manche Fragen sind auch gar keine Fragen, denn bei der Antwort wird schon gar nicht mehr zugehört.

Der englische Informatiker Ross Ashby hat einmal ein kleines Experiment gemacht und auf die Wie-geht's-Frage „How are you?" konsequent mit „Ich habe gerade meine Großmutter umgebracht" geantwortet. Niemand hat es bemerkt.

Etwa ein Drittel der Menschen schätzt sich als „sehr glücklich" ein

Eine etwas intelligentere Art der Befragung über Glück ist, mehrere Studien miteinander zu vergleichen. Auf Seite 94 haben Sie bereits den Hinweis darauf gelesen, dass sich in den USA seit den 50er-Jahren die durchschnittliche Kaufkraft mehr als verdoppelt hat. In den USA gibt es seit den 50er-Jahren auch regelmäßig repräsentative Umfragen nach Glück: Sind Sie

> ❏ sehr glücklich?
> ❏ ziemlich glücklich?
> ❏ etwas unglücklich?
> ❏ ziemlich unglücklich?

Ergebnis: Der Prozentsatz der Menschen, die sich als „very happy" bezeichnen, ist im gesamten zurückliegenden halben Jahrhundert ziemlich konstant geblieben. Er lag immer zwischen etwa 30 und 33 Prozent. Das kann nur heißen: Mehr Geld bringt nicht mehr Glück. Geld, das aus der Not heraushilft, macht glücklich. Aber mehr Geld schafft darüber hinaus nicht mehr Glück.

Eine Studie der Weltbank kurz nach der Wende in Deutschland – der Zeit Anfang der 90er-Jahre, als es noch sinnvoll war, zwischen Ost und West zu unterscheiden – bestätigt dieses Ergebnis. Der westdeutschen Bevölkerung ging es damals materiell wesentlich besser als der ostdeutschen. Und nicht überraschend schätzte die westdeutsche Bevölkerung ihr Leben als glücklicher ein als es die Menschen aus der DDR getan haben.

Ist das ein Beweis für die Überlegenheit des Kapitalismus? Jener Gesellschaftsordnung, die die materiellen Werte ganz vorne an stellt?

Nicht ganz.

Die DDR-Bevölkerung hat ihr persönliches Wohlbefinden nämlich deutlich höher eingeschätzt als die Menschen in vielen westlichen Ländern – etwa in den Urlaubstraumländern wie Portugal oder Irland.

Und Japan – Anfang der 90er-Jahre das reichste Land der Erde, wenn man von Operetten-Republiken wie einigen Ölstaaten absieht – war nach Einschätzung der Bevölkerung kein guter Ort für persönliches Wohlbefinden. Japan rangierte hier noch hinter der DDR und Polen.

Für Glück kann man etwas tun. Aber man muss es auch tun

Mit Statistik kann man vieles beweisen, aber darum geht es mir hier nicht.

Statistiken können nämlich mehr und Wertvolleres: zum Denken anregen. Denken Sie zum Beispiel einmal an eine Zeit zurück, als Sie weniger Geld hatten als heute. Und an eine Zeit, in der es Ihnen – falls es so war – materiell besser ging als heute. Wie war es damals im Vergleich zu heute um Ihr persönliches Wohlbefinden bestellt?

Heute bezeichne ich mich als

❏ sehr glücklich
❏ ziemlich glücklich
❏ etwas unglücklich
❏ ziemlich unglücklich

Als ich weniger Geld hatte, war ich

❏ sehr glücklich
❏ ziemlich glücklich
❏ etwas unglücklich
❏ ziemlich unglücklich

> Als ich mehr Geld hatte, war ich
> ❏ sehr glücklich
> ❏ ziemlich glücklich
> ❏ etwas unglücklich
> ❏ ziemlich unglücklich

Macht immer mehr Geld Sie immer glücklicher? Jeder Mensch sollte hier seine eigene Wahrheit kennen. Die statistische Glücks-Forschung sagt hierzu etwas ganz Ähnliches wie der Psychologe Prof. Erich Fromm in seinem bekannten Buchtitel: *Vom Haben zum Sein*. Das Notwendige muss jeder haben. Danach aber ist das Sein wichtiger als das Haben.

Was aber ist notwendig?

15 Der Mensch ist auf Glück programmiert

Was haben die Glücks-Forscher weiter über persönliche Glückserfahrungen herausgefunden? Ich fasse hier zehn wichtige Aussagen aus Befragungen sehr vieler Menschen zusammen – wieder als Checkliste zum Ankreuzen für Ihre persönliche Meinungsbildung:

So kommen Sie Ihrem eigenen Verständnis von Glück auf die Spur. Und Sie können Ihre Meinung mit der von Menschen, die Ihnen im Leben wichtig sind, vergleichen:

1. **Glück hängt mit positiven Lebensereignissen zusammen.**

    ❏ Ja ❏ Nein ❏ keine Meinung

2. **Glück spüren aber kann man nur, wenn man diese positiven Lebensereignisse auch zur Kenntnis nimmt.** Glück erfordert also, die Aufmerksamkeit auf die guten Seiten des Lebens zu richten.

    ❏ Ja ❏ Nein ❏ keine Meinung

3. **Glück aber ergibt sich nicht durch eine Art „Buchhaltung".** Die einfache Formel „das Glück wird größer, wenn die Summe der positiven Lebensereignisse größer ist als die Summe der negativen Lebensereignisse" greift zu kurz. Es kommt nicht nur auf die Zahl der positiven oder negativen Lebensereignisse an, sondern auch auf ihre Intensität.

    Ja ❏ Nein ❏ keine Meinung

4. **Glück ist eher eine Kombination aus möglichst vielen „kleinen" und einigen sehr intensiven positiven Lebensereignissen.**

    Ja ❏ Nein ❏ keine Meinung

5. **Positive Lebensereignisse von großer Intensität geben ein überragendes, allumfassendes Glücksgefühl – aber es ist nicht von langer Dauer.** Das zeigen zum Beispiel Glücks-Befragungen von Lotto-Gewinnern. Der Rausch des totalen Glücks über die sechs Richtigen oder den geknackten Jackpot hält Tage oder Wochen an – selten aber Monate. Bald schon pendelt sich das persönliche Wohlbefinden auf bisherigem Niveau wieder ein.

❏ Ja ❏ Nein ❏ keine Meinung

6. **Diese Regel gilt ebenfalls für Gehaltserhöhungen, für Gewinne bei Geschäften oder an der Börse.**

❏ Ja ❏ Nein ❏ keine Meinung

7. **Diese Regel gilt zu unserem Glück aber auch bei intensiven negativen Lebensereignissen.** Das wissen wir zum Beispiel aus Untersuchungen an Menschen, die nach einem Unfall querschnittsgelähmt wurden. Auch bei ihnen scheint sich das persönliche Wohlbefinden – bei einigen jedenfalls, und bereits das ist für viele Menschen unvorstellbar – auf das frühere, bisherige Niveau einzupendeln.

❏ Ja ❏ Nein ❏ keine Meinung

8. **Unglück ist nicht das Gegenteil von Glück.** Das zeigen zum Beispiel Untersuchungen an Menschen, die plötzlich mit der Tatsache konfrontiert werden, an einer unheilbaren Krankheit zu leiden. Bei einigen führt solch eine Diagnose nach anfänglicher Trauer und Verzweiflung überraschender Weise sogar zu mehr Glück. Ihre Erfahrung: *„Mein Leben ist jetzt plötzlich besser geordnet. Ich weiß, was wichtig ist und was nicht. Das Einzige, was mich wirklich traurig macht, ist, dass ich das nicht bereits früher erkannt habe".* Einer, der so gedacht hat, ist der Psychologe Prof. Steven Reiss, der in Kapitel 23 ausführlich zu Wort kommt. Reiss

war mit der Tatsache konfrontiert worden, dass allein eine hoch riskante Lebertransplantation sein Leben würde retten können.

❏ Ja ❏ Nein ❏ keine Meinung

9. **Das „kleine" Glück scheint für unser persönliches Wohlbefinden bedeutender zu sein als die hoch intensiven Glücksmomente.** Der offensichtliche Grund: Kleine Glückmomente sind häufiger, sie sind leichter zu finden, und sie können beinahe nach Belieben vermehrt werden. Über das große Glück haben wir nämlich kaum Kontrolle. Über das kleine Glück sehr wohl.

❏ Ja ❏ Nein ❏ keine Meinung

10. **Glück schwankt.** Auch wenn manche Menschen auf Dauer mehr persönliches Wohlbefinden spüren als andere, darf man sich persönliches Glück nicht als ständig gleichbleibend vorstellen. Es gibt ständig Ausschläge nach oben und nach unten. Tagtäglich. Vielfach.

❏ Ja ❏ Nein ❏ keine Meinung

Das Leben ist auf Glück programmiert

Einsichten dieser Art in das glückliche Leben zeigen sich mit großer Regelmäßigkeit und Zuverlässigkeit, wenn die wahren Experten des Lebens – die Menschen selbst – gefragt und wenn ihre Aussagen wissenschaftlich gewissenhaft ausgewertet werden.

Glücks-Forscher schließen daraus, dass die Frage des „Ob" – also: ob ein glückliches Leben möglich ist – beantwortet ist mit einem klaren „Ja". Vielen von ihnen scheint es eine Tatsche zu sein,

- dass das Leben von der Natur, der Evolution, von Gott auf Glück angelegt ist – und nicht auf Leiden, und
- dass es sich lohnt, das Leben so zu leben, dass es genossen werden kann. Und dass es eben nicht, wie der Philosoph Arthur Schopenhauer gesagt hat, „überwunden" oder gar „abgetan" werden sollte.

Mehr noch:
Es zeigt sich, wie wenig hilfreich selbst große Einsichten größter Denker sein können, wenn man sie wie Merksprüche an den Kühlschrank heftet.

- Heraklit (544–483 v. Chr.), der große Philosoph des griechischen Altertums) hat sich wie erwähnt recht süffisant über das Glück geäußert und hat vom *Glück des Ochsen, der ausreichend ernährt* ist, gesprochen.

Wird damit das körperliche Glück abgewertet? Wir sollten uns vom Bild des Ochsen nicht auf die falsche Fährte führen lassen. Körperliches Glück ist wichtiger als die Menschen, die es abwerten, meinen.

- Albert Einstein hat gesagt: *persönliches Glück anzustreben, wäre ihm nie ein Ziel gewesen.*

Aber Einstein war kein unglücklicher Mensch. Was er gemeint hat, ist, dass ein direktes, ein zielgerichtetes Anstreben von Glück in die Irre führen kann, und dass sich Glück eher als Nebenprodukt eines auf eine bestimmte Art und Weise geführten Lebens ergibt.

- *Freude ist eine ernsthafte Tätigkeit im Himmel,* hat der Schriftsteller Sinclair Lewis gesagt.

Uns Deutsche erinnert dies Wort an den „Münchner im Himmel", der über den dortigen Arbeitsplan klagt: *10−11 Uhr: Jauchzen. 11−12 Uhr: Frohlocken.* Und sein gewohntes Münchner Bier hat der Münchner im Himmel schon gar nicht bekommen.

In Kapitel 21 werden Sie sehen, dass Sinclair Lewis etwas Richtiges erkannt hat: Sich Freuen ist eine Aktivität, die bewusst gesucht werden kann. Und sollte: für mehr Glück. Mehr Glück als ein Bier bringt. Und viel mehr Glück als viele Biere bringen.

Vorsicht vor den Pessimisten

Glück ist kein Zeichen von Naivität oder gar von einer dem Ochsen vergleichbaren Dummheit.

- Selbst der „professionelle Pessimist Schopenhauer" (so Dr. Ricarda Winterswyl, die ein Buch über Glück geschrieben hat, *(Das Glück,* Beck Verlag 1995*)*, muss Glück gekannt haben. Ebenfalls hat er nämlich gesagt − sinngemäß: *Das Leben ist ein eigenartig Ding. Ich habe beschlossen, das meine damit hinzubringen, über dasselbe nachzudenken.*

So hat Schopenhauer sein eigenes Wohlbefinden gesucht. Er war durch eine Rente materiell gegen das Unglück der

Not abgesichert. Für Geld musste er nicht denken und schreiben. Beides hat ihn geistig genährt.

Glück ist also auch durch Denken erreichbar – aber taucht bei Ihnen jetzt auch Heraklits Bild vom *Glück des Ochsen, der ausreichend ernährt ist* auf? Körperlich ausreichend ernährt. Oder geistig ausreichend ernährt. Wo liegt der prinzipielle Unterschied?

Wer denkt, kann Glück dabei empfinden – auch wenn ER oder SIE lauter negative Dinge denkt. Viele Menschen erreichen persönliches Wohbefinden durch pessimistische Gedanken, und sie nennen Zynismus gerne „Altersweisheit".

Vorsicht aber ist bei Autoren wie Ricarda Winterswyl geboten. Ihre Aussage, *„ein Buch über das Glück kann ... nur ein Buch der offenen Fragen sein"*, weist sie als „professionellen Pessimisten" aus. Viele „professionelle Pessimisten" machen im Grunde genommen dasselbe wie viele „professionelle Optimisten" – die „positiven Denker" zum Beispiel. Sie beschreiben ihren persönlichen Weg zu persönlichem Wohbefinden. Und bieten ihn als allgemein verbindliches Glücksrezept an.

Ohne Sorgen oder hundert Sorgen – Glück ist möglich

Die offenen Fragen über das Glück, von denen Ricarda Winterswyl schreibt, sind weitgehend beantwortet. Und so ist auch der Satz eines anderen professionellen Denkers mit Vorsicht zu genießen:

- *„In der Welt gibt es nur zwei Sorten von Glück: das der Dummköpfe und das der Philosophen",* hat der französische Philosoph Voltaire (1694–1778) einst erklärt.

Ziemlich überheblich, denn er, der Philosoph, zählte sich damit zu den Glücklichen, seinen bedeutenden langjährigen Gastgeber und Gesprächspartner Friedrich den Großen schon nicht mehr, wie Voltaire in einem bekannten Wortspiel ausgedrückt hat.

Aus dem Namen von Friedrichs Schloss Sanssoussi (wörtlich: *ohne Sorgen*) hat er das gleich klingende *cent soussi* gemacht: hundert Sorgen. Voltaire hat hier allerdings das *Glück der Dummköpfe* in Anspruch genommen. Dumm ist zu glauben, dass Sorgen und Glück unvereinbar sind, was nachweislich falsch ist, denn selbst Menschen mit einer das Leben bedrohenden schweren Erkrankung können Glück finden.

Für ein glückliches Leben kommt es nicht so sehr darauf an, WAS passiert, sondern WIE man es einschätzt und wie man sich dem Leben stellt. Davon handelt das nächste Kapitel.

16 Das Bild vom Glück bekommt Konturen

„Witz komm raus, du bist umzingelt", sagen wir, wenn uns etwas auf der Zunge liegt, wenn es zum Greifen nah erscheint – aber noch haben wir es nicht gepackt, noch ist es eine eher bildliche Vorstellung, die nach den rechten Worten noch sucht.

So ist es auch mit der Definition von Glück. Aber nichts ist unmöglich, wenn wir es nicht selbst tun müssen. Wenden wir uns deshalb noch einmal an die Glücks-Forscher. Wie haben sie versucht, Glück zu definieren?

Das Glück, für das wir etwas tun können

Das in den folgenden Aussagen gezeichnete Bild heißt:

> *Glück ist kein Zufallsprodukt und kein Konsumgut. Man kann etwas dafür tun, und man muss etwas dafür tun. Und dieses Tun bereits „wirft Glück ab". Glück ist also nicht „die Ernte, die wir einfahren", sondern – um beim Bild zu bleiben – „das Leben als Landwirt".*

Glück ist auch nicht das fertige Kunstwerk, nicht der Preis, den es auf der Auktion erzielt, sondern das Malen. Glück ist nicht die Goldmedaille und der anschließende Werbevertrag des Athleten, sondern das jahrelange Training.

Glauben Sie es?

Hier ist der Versuch, Sie durch Einsichten von vier Glücks-Forschern zu überzeugen.

Wie Glücks-Forscher Glück definieren

Lassen Sie sich nicht dadurch stören, dass in diesem Buch so häufig amerikanische Wissenschaftler zitiert werden. Die wichtigste Forschung über Glück wird in den USA durchgeführt. (Vielleicht, weil es dort am nötigsten ist.) Beginnen wir mit einem Kanadier:

Der kanadische Glücks-Forscher Prof. Alex Michalos definiert Glück ganz simpel. Als „relativ lang dauernde positive Gefühle und Einstellungen" *(Global Report on Student Wellbeing: Life Satisfaction and Happiness,* 1991).

Positive Gefühle – da wird jeder rasch zustimmen – sind mit Glück verbunden. Positive Einstellungen aber sind ein anderes Kaliber. Einfache Positiv-Formeln bringen noch keine positiven Einstellungen. Eher entstehen sie durch Wilhelm Busch's „Humor ist, wenn man trotzdem lacht". Betonung auf „trotzdem" – also dann, wenn den meisten Menschen das Lachen bereits vergangen ist.

„Glück greift tiefer als eine momentane gute Stimmung", sagt ähnlich wie Michalos auch der schon auf Seite 99 erwähnte Psychologe Prof. Myers: *„Glück ist ein nachhaltiges Spüren persönlichen Wohlbefindens, ist die dauerhafte Wahrnehmung, dass das Leben erfüllt, sinnvoll und erfreulich ist."*

Myers' Glücks-Definition erinnert an die schöne Geschichte vom Wetterfrosch, der immer auf der obersten Sprosse seiner Leiter sitzt, gleich wie das Wetter gerade ist. Ein Mensch kritisiert ihn, weil der Frosch seinen Job nicht richtig macht. Der Frosch aber entgegnet: „Ich versuche, die großen Zusammenhänge zu erkennen."

Ein anderer Glücks-Forscher, der Psychologe Prof. Ed Diener, geht von dem oben erwähnten **Verhältnis positiver und negativer Lebensereignisse aus** *(Culture and subjektive Well-Bling.* Mit Press, 2000) und schließt einen kleinen, feinen Gedanken an: *Positive Erfahrungen bedeuten, dass sich unserer Hoffnungen und Erwartungen erfüllen.*

Glück kann, so Diener, auf zwei Wegen entstehen. Wir können uns mehr anstrengen, um unsere Ziele tatsächlich auch zu erreichen. Oder wir können unsere Ansprüche an das Leben neu überdenken. Als Beispiel:

> *Muss es immer Kaviar sein? Wohl nicht. Von englischen Dienstboten im 19. Jahrhundert wird berichtet, dass sie sich vertraglich haben festlegen lassen, nicht öfter als zwei Mal in der Woche Hummer essen zu müssen.*

Der Psychologe Prof. John Reich (*Psychology Today*, 1995) weist uns in seiner Glücks-Definition auf einen Aspekt hin, der im Laufe dieses Buches immer wichtiger werden wird:

Um Glück zu empfinden, reicht es nicht, nur die Aufmerksamkeit auf die positiven Lebensereignisse zu richten und die Glücksmomente zu zählen. Zusätzlich müssen wir uns als Verursacher unseres Glücks erleben. Wirklich glücklich kann nur werden, wer das Glück unter Kontrolle hat.

Es reicht also nicht die Haltung, die viele Kinder in der Sonntagsschule gelernt haben:

> *„Zähl' das Gute, das dir Gott getan,*
> *das begegnet dir auf deiner Lebensbahn,*
> *zähl' das Gute, das geschehn dir ist,*
> *und du wirst erstaunen, wie so reich du bist."*

Glück entsteht nicht einfach durch Beglückung

Solch gut gemeintes positives Denken hat nämlich einen „Haken": Es entmündigt uns.

Denn die Botschaft ist: Das Gute kommt von Gott (oder aus anderen Quellen) – aber eben nicht von dir selbst. Und die „geheime Botschaft" lautet: Glück ist ein Geschenk. Du selbst kannst nichts dafür tun. Andere müssen etwas für dein Glück tun. Glück entsteht durch „Beglückung".

Ein Kind kann beglückt werden. Dem erwachsenen Menschen aber ist Beglückung, wenn ER, wenn SIE darüber nachdenkt, suspekt, denn sie schafft Abhängigkeit. Reich weist auf ein tieferes Bedürfnis des Menschen hin:

- Wir sind mündig.
- Wir sind in der Lage, Verantwortung zu übernehmen.
- Selbst Unglück wird nicht als so schlimm empfunden, wenn wir uns sagen können: *„Da und da hast du etwas falsch gemacht. Kein Wunder, dass es nicht geklappt hat. Das nächste Mal machst du es anders."*

Ähnlich mit dem Glück. Wirklich empfunden wird es, so Reich, wenn wir uns sagen können: *„Da und da hast du etwas richtig gemacht. Und das Glück, das du jetzt spürst, hat etwas mit deiner eigenen Leistung zu tun. Mehr noch: dies Glück ist kein Zufallsprodukt. Du kannst es immer wieder finden."*

Voraussetzung, Glück zu finden, ist also zunächst einmal die richtige Einstellung. Wir müssen uns sagen und uns glauben:

- Ich kann mein Glück selbst verursachen.
- Ich kann die Umstände, unter denen ich glücklich bin, kontrollieren.

Solch eine Haltung dem Leben gegenüber fällt nicht vom Himmel. Man erreicht sie nicht durch Positiv-Denken- oder Psycho-Trainings. Sondern man muss sie leben. Tagtäglich. Immer wieder neu. Trotz vieler Gegenbeispiele, die man dabei erlebt.

Nehmen Sie als Vorstellungsbild den Wetterfrosch. Er hat bei Regen nicht gequakt: „Alles wird gut." Sondern er hat es durch sein Verhalten demonstriert – gegen alle Kritik und allen Spott. Und so lange, bis diese Haltung nicht nur im Kopf, sondern im Herzen und im Verhalten verankert ist.

Der Weg dahin heißt: Täglich etwas für das Glück tun – Thema des nächsten Kapitels.

17 Täglich etwas fürs Glück tun. So geht es

Wieder, wie in Kapitel 14, eine Zusammenfassung vieler Studien und Expertenmeinungen. Wieder in der Form, dass Sie auf Sie zutreffende Aussagen (mit Bleistift) ankreuzen können.

Zehn Wege zu mehr Glück an ganz normalen Tagen

Belassen wir es bei zehn Chancen, die wir jeden Tag ergreifen können:

1. **Möglichkeiten für positive Tagesereignisse schaffen.** Also nicht immer nur gebannt auf das ganz große Glück schielen. Denn wenn wir darüber die kleinen Glücksmomente übersehen und vergessen, leben wir oft einen ganzen Tag, eine Woche, ein Jahr, ein Leben (?) ohne Glück.

    ❏ Ja ❏ Nein ❏ keine Meinung

2. **Sorge dafür tragen, dass die angestrebten positiven Lebensereignisse tatsächlich in unser Leben hineinpassen.** Das tagtägliche Glück sollte sehr klein gehalten werden. Ein Blick auf den Terminkalender mahnt. Wie vieles von dem, was wir tun sollten und tun wollen, bleibt unerledigt? Vieles kann Glück bringen: Einfach nur dazusitzen, kann es und ebenso ganz viel zu unternehmen. Nur beides geht nicht zur selben Zeit. Gut essen mit guten Freunden? Oder zu Hause ein Buch lesen?

Wir müssen uns entscheiden. Wir können aus dem Reichtum der abertausend Glücksmomente auswählen.

❏ Ja ❏ Nein ❏ keine Meinung

3. **Größere Glücksvorhaben nach Möglichkeit in kleine Schritte aufteilen.** Aber machen Sie keinen perfekten Plan. Pläne haben Sie für vieles sicher schon gemacht. Haben sie „funktioniert"?

❏ Ja ❏ Nein ❏ keine Meinung

4. **Glück nicht nur im Kopf haben, sondern es in die Hände und Füße bekommen.** Sich selbst „verführen", tatsächlich etwas für das Glück zu tun.

❏ Ja ❏ Nein ❏ keine Meinung

5. **An den negativ erscheinenden Aspekten des Lebens nicht vorbeigehen.** Bestes Beispiel: die täglichen lästigen Pflichten. Man kann sie verdrängen. Aber sie bleiben im „seelischen Untergrund" weiter aktiv und belasten uns – spätestens im Schlaf. (Nur „ein gutes Gewissen ist ein sanftes Ruhekissen").

❏ Ja ❏ Nein ❏ keine Meinung

6. **Sich mit Menschen vergleichen. Von anderen Menschen lernen.** Oft bekommen so die „unscheinbaren" Menschen ein neues Gewicht, wenn man genau hinschaut, wie sie leben. Sie leben nicht dramatisch, nicht spektakulär – aber sie bleiben eben auch von den großen negativen Dramen des Lebens verschont. Sie tun zum Beispiel ganz einfach ihre Pflicht, sie legen also jenen Ballast ab, der uns tagtäglich aufgebürdet wird, und den viele Menschen (siehe Punkt 5.) ewig mit sich herumschleppen.

❏ Ja ❏ Nein ❏ keine Meinung

7. **Lächeln.** (siehe Kapitel 3)

   ❏ Ja ❏ Nein ❏ keine Meinung

8. **Etwas tun, was die eigenen Talente fordert, aber nicht überfordert – weder während der Arbeit noch in der Freizeit.** Stundenlang sitzen Menschen heute vor dem Fernseher. Nichts dagegen – außer Fakten: Von allen Freizeitbeschäftigungen bringt Fernsehen am wenigsten Glücksgefühle. Eben weil unsere Talente nicht gefordert werden.

   ❏ Ja ❏ Nein ❏ keine Meinung

9. **Körper-Training.** Buchstäblich zigtausend Studien zeigen, dass körperliches Training ein gutes Hausmittel gegen Angst und Depression ist. Die Übung selbst, das Laufen, das Power Walken. Und nicht der hart erarbeitete Waschbrettbauch.

   ❏ Ja ❏ Nein ❏ keine Meinung

10. **Sich doppelt so viel Zeit nehmen für Menschen als man glaubt. Mindestens.** Es gibt zwei Sorten von Kontakten: zielgerichtete, die kann man nach Uhr und Plan absolvieren, wenn beide wissen, worum es geht. Und es gibt offene Kontakte. Die kann man zeitlich kaum planen. Wie lange dauert ein erfolgreiches Verkaufsgespräch? Ein gutes Gespräch, bei dem man sich mit Freunden festquatscht? Das Spielen mit dem eigenen Kind? Wenn Gespräche nicht materiellen Erfolg bringen sollen, sondern Glück, sollte man den Rat befolgen: „Dem Glücklichen schlägt keine Stunde". Und wenn es wider Ewarten schneller geht – irgendetwas zu tun, findet man immer. Oder man nutzt die Zeit, um endlich einmal gar nichts zu tun.

    ❏ Ja ❏ Nein ❏ keine Meinung

Herausfinden, was wirklich glücklich macht

Glück kann nur finden, wer weiß, was SIE, was ER sucht. Und wo. Möglichst genau. Was macht Sie eigentlich glücklich? Prüfen Sie sich einmal selbst.
Ein anderer Glücks-Forscher unserer Zeit ist der amerikanische Psychologe Prof. Kennon Sheldon. In einer auf den ersten Blick simpel erscheinenden Studie, im Jahr 2001 veröffentlicht, hat er drei Fragen an in seinem Heimatland und – über einen Mitarbeiter – auch Studenten in Südkorea gestellt, einem asiatischen Land, denn viele Menschen glauben heute, dass das Glück der Welt am ehesten aus diesem Erdteil kommen kann, aus den großen Traditionen des Konfuzius, des Buddha, des Zen.
Sheldons Ergebnisse werden in Kapitel 24 wiedergegeben – nicht, um künstlich Spannung zu erzeugen. Sheldon hat vier Faktoren herausarbeiten können, die mit einem glücklichen Leben zusammenhängen und sechs weitere, die es nicht tun. Aber die Begriffe wären im Moment noch zu abstrakt.
Sheldon's drei Fragen:

1. Was war das persönlich zufriedenstellendste Ereignis der letzten Woche?
   _____
   _____

2. Was war das persönlich zufriedenstellendste Ereignis des vergangenen Monats?
   _____
   _____

3. Was war das persönlich zufriedenstellendste Ereignis im letzten halben Jahr?
   _____
   _____

Die Fragen klingen einfach. Weniger einfach ist, eine Antwort zu geben – deshalb die Striche, deshalb die Bitte an Sie, diese drei Fragen zu beantworten. Ein „Richtig" oder „Falsch" gibt es nicht. Gefragt wird ja nach etwas ganz Persönlichem. Mögliche Antworten sind:

- viel Geld verdient
- gut gegessen (das „Glück des Ochsen", siehe Kapitel 11, man darf dazu stehen)
- ein gutes Buch gefunden
- ein gutes Gespräch geführt

Aber wählen Sie selbst. Und wenn Ihnen nichts einfällt, dann haben Sie einen oft übersehenen Grund dafür gefunden, warum unsere Stimmung oft schlechter ist als unsere Lage.
Romantische Gedanken erzeugen Glück. Aber viele Paare haben – bekanntermaßen – Schwierigkeiten, diese Gedanken beim Partner, bei der Partnerin zu erzeugen. Aber diesem Thema sind viele andere, gute Bücher gewidmet.

18 Was wissen wir jetzt über das Glück?

„Alle Menschen suchen Glück", hat der französische Philosoph Blaise Pascal (1623–1662) gesagt, „selbst, der hingeht …", und dann folgt ein Nachsatz, der auf einen falschen Weg zum Glück verweist und hier nicht interessiert, weil es richtige Wege gibt.

Wie weit sind wir auf dem richtigen Weg? Hier eine Bestandsaufnahme:

1. Über Glück wird oft und gern mit einem pessimistischen Unterton gesprochen. Beispiel: der Philosoph Voltaire (*„In der Welt gibt es nur zwei Sorten von Glück: das der Dummköpfe und das der Philosophen"*) – gerade so, als ob Glück nur etwas entweder für die völlig Naiven oder für die Allerhöchstgebildeten sei.

2. Wer Freude an solchen Sentenzen findet, dem sei die Freude gegönnt. Wer Glück sucht, wird sich damit nicht zufrieden geben.

3. Wer Glück sucht, sollte erst einmal Klarheit darüber finden, was genau gesucht wird. Eine Definition von Glück ist dazu nötig.

4. Eine erste, sinnvolle Definition von Glück heißt in zwei Worten: „persönliches Wohlbefinden".

5. Mit dieser Definition können wir erst einmal alle völlig naiven und genauso alle allerhöchstgebildeten Formulierungen von Glück zur Seite schieben.

6. Zwischen zwei Arten von „persönlichem Wohlbefinden" lohnt es zu unterscheiden: dem
   - großen, intensiven Glück vom Lottogewinn an aufwärts – diese Art von Glück wird von kaum einem

Menschen abgelehnt, sie hat aber den „Haken", dass große, intensive Glückserfahrungen sich leider nur sehr selten einstellen
- und dem „kleinen Glück", das den Vorteil besitzt, häufiger erreichbar zu sein.

7. Nach allem, was Glücks-Forscher wissen, ist dieses „kleine Glück" kein Trostpreis für ein ansonsten eher glückloses Leben. Es geht hier also nicht um „peanuts". Im Gegenteil: Das glückliche Leben, das sich zu leben lohnt, scheint im Wesentlichen aus vielen kleinen Glücksmomenten zu bestehen.

8. Unsere bisherige Glücks-Definition (Glück = persönliches Wohlbefinden) zeigt auch den Ort an, an dem wir zu allererst Glück zu suchen haben: nicht draußen in der Welt, sondern in uns.

9. Um in uns Glück nicht nur zu suchen, sondern zu finden, lohnt es sich, genauer darüber Bescheid zu wissen, wie der Mensch gebaut ist und wie er „funktioniert". Das ist Thema von Teil 4.

Teil 4

Glück finden heißt zunächst einmal: Glück empfinden

19 Das Glück verteidigen gegen die Glück-Produzenten

Glück ist persönliches Wohlfühlen, hatten wir gesagt. Diese erste – vorläufige – Definition rückt das Glück dorthin, wo es hingehört, wo es tatsächlich auch empfunden wird: in den Verantwortungsbereich des einzelnen Menschen.

Vorläufig ist diese Definition, weil sie noch keine Angaben darüber macht, wie „Wohlfühlen" erreicht wird. Das soll in diesem Kapitel nachgeholt werden.

Glück muss man gegen Besserwisser schützen

1949, vor mehr als 50 Jahren, hat der Philosophieprofessor Ludwig Marcuse ein lehrreiches Buch über das Glück veröffentlicht: *Die Philosophie des Glücks* (List Verlag, 1962).

Ludwig Marcuse hat sich nicht als Vordenker ins Licht der Öffentlichkeit gerückt. Da war er anders als viele der bekannt und berühmt gewordenen Philosophen des 20. Jahrhunderts, Heidegger, Sartre, Adorno oder jener Herbert Marcuse, dessen Schrift *Der eindimensionale Mensch* in den 60er-Jahren viel zur Arroganz der damaligen Adoleszenten-Bewegung, die sich APO nannte, beigetragen hat.

Ludwig Marcuse war also kein Vordenker, sondern ein Nachdenker, menschenfreundlich, ein stilsicherer Schriftsteller, lange Jahre Mitarbeiter der Wochenzeitung DIE ZEIT, keine spitze Zunge, aber eine spitze Feder.

- Über *materielles Glück* hat er gesagt: ein wichtiges, erstrebenswertes Gut, aber man solle dennoch häufig *Ferien machen vom Glück der materiellen Sicherheit*.

- Über Philosophieprofessoren hat er gesagt: *Nur Gesicherte verachten das materielle Glück* – zum Beispiel Ordinarien der Philosophie mit erheblichem Pensionsanspruch.
- Über Herbert Marcuse hat er gesagt: ein entfernter Cousin, der durch Zufall auf sein Alter hin berühmt geworden ist. Herbert M. war einer jener philosophischen „Glück-Produzenten", die zu wissen glaubten, was die Welt braucht: Revolution zum Beispiel.
- Über „*Glück-Produzenten*" hat er gesagt: *Sie werden nie das Philosophen-Produkt* [des Glücks] *hervorbringen: ein ungestörtes Verweilen auf den Höhen der herrlichsten Stunden* [des Nachdenkens, Einfühlens und Empfindens – so kann dieser Satz vervollständigt werden]. Das war Ludwig Marcuses Empfehlung für Glück-Sucher, das „Glück der Philosophen", das auch der französische Philosoph Voltaire gepriesen hat.

Glück hat Ludwig Marcuse nicht definiert, aber der einsichtige Mann hatte auch hier bestechende Einsichten:

- Schon vor 2.000 Jahren hat ein gelehrter Römer, Marcus Terentius Varro, **288 verschiedene Lehrmeinungen** über das Glück gefunden. Es liegt also nicht an den „*unbelehrbaren Menschen, dass sie noch nicht glücklich seien. Die Menge, hieß es* [in Philosophenkreisen], *ist nicht nur zu dumm, das Glück zu finden. Sie ist sogar zu dumm, das von den Philosophen Gefundene in Empfang zu nehmen.* [Aber es] *liegt ganz sicher nicht an der so genannten blöden Masse, dass sie das Glück nicht zu finden weiß, wenn jeder „Kundige" etwas anderes kündet.*" Fast 300 Wege zum Glück, bereits vor 2.000 Jahren – und inzwischen hat man aufgehört zu zählen.

Was Glück ist, muss jeder letztlich selbst für sich definieren. *Die Geschichte der Kultur ist ganz gewiss auch eine Geschichte des immer differenzierteren und abgründigeren Unglücklichseins. Sie ist daneben eine Geschichte des immer differenzierteren Glücklichseins. Und diese*

Geschichte hat noch eine Zukunft. Denn auf das Glück kann man
- *... mit dem Finger hinweisen, es ist nicht nur zu fühlen, sondern auch zu sehen und zu hören. Es erscheint in den Augen eines Menschen, in seiner Stimme, an der Nasenspitze, um den Mund herum, in der Haltung. So haben es die Künstler aller Zeiten beschrieben, abgebildet, in Musik umgesetzt.*

Der letzte Absatz ist eine schöne Schilderung persönlicher Glückserfahrungen. Was mit „persönlichem Wohlfühlen" gemeint ist, wird so klarer.

Der Weg zum Glück: ein Wegweiser

Aber, wie anfangs gesagt: Noch so wohl gesetzte Worte über das Glück zeigen den Weg zum Glück noch nicht. Diese Angabe des Weges muss Teil einer Definition von Glück sein. Sonst bleibt alles im Beliebigen, im nicht Nachprüfbaren.

Einer der Wegweiser, auf den Ludwig Marcuse sich beruft, ist der Amerikaner Thomas Jefferson, der *„den schönsten Satz des amerikanischen Schrifttums in die Verfassung des Landes geschrieben hat"*. Es ist nicht der Satz des englischen Philosophen John Locke (1632−1704), nicht „Leben, Freiheit und Eigentum", sondern „Leben, Freiheit und the pursuit of happiness − *das Aus-sein auf Glück"*, das Streben nach Glück.

Ein weiser Satz, denn er macht keine Vorschriften, wie das Glück zu finden sei − außer einer indirekten: Jeder Mensch darf, aber muss auch, den persönlichen, den individuellen Weg zum Glück finden. Und Marcuse spottet über eine Gelehrtenkonferenz, auf der Wirtschaftsführer, Gewerkschaftsführer, Theologen und Philosophen über Glück gesprochen, einen Zusammenhang zwischen Glück und Moral festgestellt und dann nicht mehr über Glück, sondern über Moral gesprochen haben.

Wieder ein Versuch, die unbelehrbare Masse zu ihrem Glück zu zwingen. Viele davon gab es und gibt es.

Gibt es inzwischen einen kleinen Fortschritt in der *Geschichte des Glücklichseins?* Konkretere Hinweise auf einen Weg zum Glück? Substanzielleres als das schöne Wort Friedrichs des Großen, das jeder nach seiner Fasson selig werden solle?

Solch ein Fortschritt kann vom Denken kaum erwartet werden. Klüger wird die Menschheit vielleicht nie. Aber sie wird wissender. Und die wissenschaftliche Glücks-Forschung der letzten Jahrzehnte hat – einige Ergebnisse sind bereits berichtet worden – zu mehr Wissen über Glück geführt. Sie hat auch Hinweise auf den Weg zum Glück geliefert.

Wir können die vorläufige Definition von Glück jetzt erweitern:

Glück ist persönliches Wohlfühlen. Und auf dem Wegweiser zum persönlichen Wohlfühlen stehen die elf Worte: *Mit sich selbst, den Menschen und der Welt im Reinen sein.*

Gleich eine notwendige Warnung

Auch dies ist noch keine endgültige Definition von Glück, denn „mit sich selbst, den Menschen und der Welt im Reinen" haben sich immer auch alle „Glück-Produzenten" gefühlt – und die Schurken sowieso, die Gewissenlosen. Nachzulesen zum Beispiel in den Protokollen, die Hannah Arendt über den Prozess gegen Adolf Eichmann vorgelegt hat.

Um Fragen der Moral kommen wir also bei einer dritten Definition von Glück nicht herum. Aber da Sie gerade ein Sachbuch lesen und keinen Krimi, soll keine künstliche Spannung aufgebaut werden, die sich dann erst ganz am Ende löst. Deshalb hier gleich die Definition von Glück, auf die die folgenden Seiten hinführen, und die so weit reicht, wie die heutige Forschung über das Glück reicht:

Glück ist persönliches Wohlfühlen. Der Weg zum Glück zeigt sich darin, dass ein Mensch mit sich selbst im Reinen ist. Um mit sich selbst im Reinen zu sein, muss man auch mit den Menschen, mit denen man das Leben teilt, im Reinen sein. Und mit ihnen – so weit die eigenen und gemeinsamen Kräfte reichen – das Glück aller Menschen im Auge behalten. Das Mindeste, was dabei zu tun ist, ist: dafür sorgen, dass wir in einer möglichst heilen Welt leben können, die die großen Verunsicherungen – Not und Lebensgefahr – von möglichst vielen Menschen fern hält. Das klingt etwas „philosophisch", ist aber sehr praktisch.

Beginnen wir mit dem wichtigen Zwischenschritt: mit sich selbst im Reinen sein.

20 Unsere Fähigkeit, Glück zu empfinden

Wir Menschen haben es gern einfach. Allerdings sind wir selbst nicht so einfach gebaut, wie wir es gerne hätten.

Die moderne Glücks-Forschung aber hat uns einen einfachen Begriff geschenkt, der das abstrakte „Mit sich selbst, den Menschen und der Welt im Reinen sein" erklärt. Das wichtige Wort heißt „Flow". Und Glück können wir mithilfe dieses Wortes auch definieren als: Glück ist persönliches Wohlfühlen, und wir fühlen uns wohl, wenn wir „im Flow" sind.

Glück im Flow: die wichtigen zehn Punkte

Das Wort „Flow" ist inzwischen vielen Menschen bekannt. Teil unserer Umgangssprache ist es aber noch lange nicht geworden, denn kaum jemand weiß, was „Flow" wirklich ist. Die vier Buchstaben F, L, O und W haben „es wirklich in sich" – zehn Punkte können aufgezählt werden, um den ganzen Reichtum dieses Vier-Buchstaben-Wortes einigermaßen zu erfassen.

Die folgenden zehn Punkte geben uns – so einfach sie formuliert sind – auch die gute Möglichkeit, etwas darüber zu staunen, wie genial der Mensch konsturiert ist.

Flow bezeichnet zunächst einmal einen bestimmten *Bewusstseinszustand.*

„Bewusstsein" ist ebenfalls ein Wort, das erklärt gehört. Nicht gemeint ist das klare, das logische Denken, in dem viele Menschen fälschlicherweise den Ursprung der Lebensweisheit sehen. Gemeint ist, was die Engländer „mind" nennen – ein Wort, das der deutschen Sprache leider fehlt. Mind bezeichnet alles, was wir „in uns haben":

- den Bereich des Denkens
- den Bereich des Fühlens
- den Bereich des Wollens

und einiges mehr. Zehn Punkte zeigen den gesamten Reichtum des Menschseins auf. Und sie zeigen damit auch, dass wir nicht nur den Verstand, sondern viele weitere Quellen besitzen, aus denen wir Lebensweisheit schöpfen können.

Unsere Gedanken kommen oft zu schnell – und sie sind zu eintönig

1 Beim Denken lohnt es sich zu unterscheiden zwischen

- dem *logischen Denken,* das an Worte und Begriffe gekoppelt ist und das wir einigermaßen unter unserer Kontrolle haben – haben können zumindest, wenn wir den Verstand gebrauchen;
- dem *kreativen Denken,* das „tiefer" in uns beginnt – nicht mit klaren Worten, wie das logische Denken, sondern mit *Vorstellungsbildern, mit Intuition;*
- und dem *automatischen Denken* – jenen Gedanken also, die unser Geist in Sekundenbruchteilen, produziert oder, wenn Sie den Ausdruck erlauben, „absondert": etwa am Steuer unseres Autos, wenn uns jemand in die Quere kommt, und wir sagen dann ... na, ja, Sie wissen selbst, was Sie dann sagen, und vermutlich es ist nicht:

„Der Mensch hinter mir fährt so dicht auf, weil er es ausnahmsweise sehr eilig hat, denn er möchte sein krankes Kind im Krankenhaus besuchen."

Der allergrößte Teil unserer geistigen Aktivitäten besteht aus automatischem Denken – nicht nur beim Autofahren.

An uns selbst können wir das nicht gut beobachten. An anderen Menschen aber gelingt das um so besser. Da merken wir: Der menschliche Geist „funktioniert" oft, viel zu oft, nach dem einfachen psychologischen Gesetz von „Reiz und Reaktion". Wir sehen etwas (einen Sinnesreiz) – und zack, automatisch stellen sich Worte ein, „Idiot", „Hornochse", oder ganze Sätze.

Ein Beispiel:

Sie wollen zum Flug in den Urlaub starten, stehen in einer Schlange am Counter. Oft stellen sich dann automatisch Gedanken ein, etwa: *„Den Platz mit der großen Beinfreiheit an den Notausgängen haben bestimmt wieder Leute gekriegt, die einen Kopf kleiner sind als ich, die kurzbeinigen Sitzriesen, die sich auch auf den normalen Plätzen bequem ausstrecken könnten. Und vermutlich bekomme ich wieder keinen Fensterplatz, sondern den am Mittelgang oder den in der Mitte."*

Solche Gedanken machen nicht glücklich. Sondern unglücklich. Unnötigerweise übrigens, wie viele psychologische Experimente gezeigt haben, bei denen schlicht einmal von Menschen Buch darüber geführt worden ist, auf welchem Platz im Flugzeug sie gelandet sind. Wenn Sie es selbst täten, würden Sie nach 15 Flügen sehen, dass Sie vermutlich fünf Mal am Fenster, fünf Mal am Mittelgang und fünf Mal in der Mitte platziert worden sind.

Es geht nach Zufall – aber damit können wir Menschen schlecht umgehen, wie schon der englische Philosoph Francis Bacon (1561–1626) vor fast vierhundert Jahren erkannt hat: *„Der Mensch ist geneigt, mehr Ordnung und Regelmäßigkeit in der Welt zu erkennen als tatsächlich vorhanden ist"*. Und darin liegt ein großer Unglücklich-Macher – zum Beispiel, wenn Sie sie sich einer „Minderheit" zurechnen. Dann sagen Sie nämlich: „Typisch, die guten Plätze bekommen nur ..." und jetzt können Sie sehr vieles einsetzen: die Frauen, die Männer, die Ausländer, die Deutschen, die Reichen, die Frechen usw.

Automatische Gedanken sind eine große Quelle großen Unglücks. Das Buch des Therapeuten Albert Ellis (*Training der Gefühle*), zeigt, wie diese Gedanken und Bewertungen verändert werden können.

Gefühle als Glücklich- und Unglücklich-Macher

2 Auch beim Fühlen lohnt es sich in die Details zu gehen. Es gibt zum Beispiel:

- *positive Gefühle* – die „großen Drei" positiven Gefühle sind Freude, Zufriedenheit und „Neugier aufs Leben";
- und es gibt *negative Gefühle* – die „großen Drei" negativen Gefühle sind Angst, Wut und „Trauer" (das erwähnte „Desinteresse am Leben" ein Zustand, der „Depressivität" genannt wird, wenn er auf Dauer anhält).

Positive und negative Gefühle unterscheiden sich in ihren Auswirkungen auf unser Denken und Handeln so grundsätzlich, dass die Wissenschaft vielleicht einmal für beide eigene Wortbegriffe finden wird.

Angst, dieses große negative Gefühl, gehört zum Beispiel zu dem in uns „eingebauten" Alarmsystem (siehe Kapitel 5). Angst ist sinnvoll, weil sie uns vor Gefahren warnt. Sie richtet unseren „geistigen Apparat" ganz gezielt auf mögliche oder tatsächliche Gefahrenquellen, schränkt alle weiteren geistigen Prozesse ein und aktiviert uns, etwas zur Abwendung von Gefahren zu unternehmen.

Freude hingegen, das große positive Gefühl, lockert unseren Verstand, macht uns kreativ.

Intentionen und Glück

3 Ebenfalls komplex ist der Bereich des Wollens, der Motive, der Ziele und Pläne. Sinnvoll zu unterscheiden ist zwischen

- *positiven Intentionen* und
- *negativen Intentionen.*

Details finden Sie auf Seite 180ff. in den Passagen über Autonomie und Individualismus und über den Menschen als Gemeinschaftswesen. Hier nur der Hinweis: Lebensglück hängt von beidem ab, von Individualität und Gemeinschaft. Und von der guten Balance zwischen beiden.

Positive Intentionen sind alle, die das gute alte Sprichwort beschreibt: „Geteiltes Leid ist halbes Leid, geteilte Freude ist doppelte Freude". Negative Intentionen geben uns die Einschätzung: Das Glück ist wie ein Kuchen, wenn ein anderer ein größeres Stück davon bekommt, bleibt für mich nur noch ein kleineres Stück übrig.

Zwischen „Körper" und „Geist" sollte nicht getrennt werden. Wir haben beides. Wir sind beides.

4 Zu dem, was wir „in uns haben", gehören auch die *Informationen*, die unsere *Sinnesorgane* uns über die Welt „draußen" vermitteln, denn Denken, Fühlen und Wollen hängen mit der Welt um uns herum zusammen.

5 Ebenso gehört unser Körper in diese Aufzählung. Der Körper sendet ebenfalls Informationen, die der „mind" registriert und verarbeitet. Beispiele sind

Zwischen „Körper" und „Geist" sollte nicht getrennt werden. **135**

- *Stimmungen* wie Lust oder Unlust, Ruhe oder Erregung und
- *Triebe* – das sind Informationen über Körperzustände wie Hunger oder Durst (ja, Sex ebenfalls). Gemeldet werden Mangelzustände, die auszugleichen sind. Und: Die Triebe stehen ebenfalls in einer engen Wechselbeziehung mit den Bereichen von Denken, Fühlen und Wollen.

6 Schließlich gibt es als „Teil" von uns das Verhalten, das, was wir tun.

Flow wörtlich übersetzt heißt *„fließen"*. Wer oder was fließt? Bleiben Sie beim Bild das Fließens, und stellen Sie sich die Welt und das Leben als Strom der Ereignisse vor.

7-10 Flow bedeutet also auch, dass wir Teil im Strom der Ereignisse sind, also:

7. der Menschen in unserem Umfeld und
8. der Dinge um uns herum, also letztlich
9. der Welt, und zu dieser Welt zählt
10. auch eine spirituelle Dimension.

Jetzt erst können wir etwas genauer sagen, was Flow ist: *Flow wird erreicht durch völliges Aufgehen in Körper, Geist, Seele, in der Welt und auch im Spirituellen.* Konkret: Wenn alles, was eben unter den Punkten 1 bis 10 aufgezählt worden ist, in Harmonie zueinander steht. Dann sind wir im Flow.

Glück im Flow: ganz „Ich" sein, aber sich selbst vergessen

Im Flow sind wir wach und aktiv – aber unser Gemütszustand ähnelt dem einer Trance:

- Wir sind *selbstvergessen*.
- Wir nehmen unser „Ich", die Stimmungen, die Gefühle, die Gedanken nicht bewusst wahr – und oft auch Hunger, Durst und andere Triebe oder Schmerzen nicht.
- Wir haben ein optimales Niveau an Aktivierung – bei geistigen Tägkeiten ist es gering (sonst würden wir „nervös"), bei körperlicher Arbeit oder sportlicher Leistung ist das Maß der Aktivierung höher, aber wir empfinden es nicht als Stress.
- Wir sind auch *weltvergessen*. Wir nehmen die Welt und die Menschen und die Dinge und Ereignisse wahr – aber nicht mit einer kritisch bewussten Wahrnehmung.
- Wir agieren, aber das Tun selbst leitet uns – und nicht unsere Ziele, die Arbeitsbedingungen, und wir fragen im Flow nicht nach Sinn und Nutzen, nicht nach Erfolg, Lohn oder Beifall. Nichts von dem, was in unserer Welt für so unendlich wichtig gehalten wird, dringt in unser Bewusstsein ein.

Glück im Flow: Lebenskunst – und wir sind Kunstwerk und Künstler zugleich

Von Flow-Zuständen berichten Künstler, Sportler, aber ebenso Menschen, die gebeten werden, Situationen hoher Arbeitszufriedenheit zu nennen. Flow wird Kindern, die von ihrem Tun völlig absorbiert sind, zugeschrieben, und

Flow wird ebenfalls durch Genzerfahrungen erreicht (etwa bei einem „Runner's High").

Dichter haben Flow beschrieben – lange bevor es dieses Wort gab, gab es den Zustand. Heinrich von Kleist (1777–1811) hat dafür den Begriff „schöne Seele" geprägt. Solch eine „schöne Seele" handelt elegant, gelöst, wie automatisch. Ohne bewusste Kontrolle des eigenen Tuns – ein traumhafter Zustand. Wahres Glück.

Das biochemische Äquivalent eines „Flow" kann auch durch Drogen erreicht werden oder – unter tausend anderen Molekülen – durch körpereigene Opiate, die Endorphine. Glückshormone werden sie genannt – mehr über das „biochemische Glück" in Kapitel 22.

Den Begriff „Flow" hat der bekannte ungarisch-amerikanische Psychologe Prof. Mihaly Csikszentmihalyi vor etwa 40 Jahren geprägt, 1965, in seiner Doktorarbeit an der Universität Chicago. Titel: *„Künstlerische Probleme und ihre Lösungen: Eine Exploration der Kreativität in den Künsten"*.

Das Leben als kreativ-gestaltender Prozess

Im Jahr 2000 berichtet Csikszentmihalyi (*American Psychologist,* 1/2000), warum er zu dem Thema und zur Psychologie überhaupt gekommen ist.

19oo in Ungarn geboren, „feiner Leute Kind", hat er früh bereits interessante, wichtige, bedeutende, wohlhabende Menschen kennen gelernt. Die politischen Ereignisse – Krieg der Nazis, Besetzung Ungarns, Befreiung seiner Heimat vom Nazi-Terror durch die Rote Armee, erneute Besetzung durch die Befreier – haben viele Lebenspläne der Menschen, die der junge Mihaly gekannt hat und die ihm ein Vorbild waren, durcheinander gebracht.

Csikszentmihalyi erlebte mit, wie sich einige Menschen gegen ihre eigenen Überzeugungen und Werte in diesen harten Zeiten mit den jeweils Mächtigen „arrangiert" haben.

Und nur einige wenige Menschen sind sich selbst und ihren Werten treu geblieben.

Was haben diese Menschen, was so viele andere nicht haben? Was zeichnet die Menschen aus, die auf der „Fahrt durchs Leben" mehr sind als nur Schön-Wetter-Kapitäne? Für den jungen Mihaly überraschend waren es meist nicht die, die er für herausragende Persönlichkeiten gehalten hatte.

So entstand sein wissenschaftliches Lebensthema. Er wollte wissen, wie man das Leben so gestalten kann, dass man seinen eigenen Überzeugungen treu bleibt. Anders gesagt: dass man über Jahre und Jahrzehnte mit sich selbst im Reinen bleibt.

Auch dies ist eine Frage nach dem Glück, wenn man darunter das Lebensglück versteht. Es geht also nicht um Erfolg, wie er in materiellen Dingen gemessen wird. Und es geht nicht um die „schnellen" Glücksgefühle, die genauso schnell vergehen, wie sie gekommen sind, so wie uns das Leben ab und an kitzelt und uns so zum Lachen bringt.

Diese Frage nach einer geglückten Lebensgestaltung hat Csikszentmihalyi zuerst zur Beschäftigung mit hoch kreativen Menschen geführt, den Experten für „Gestaltung": gegen jede Mode und gegen jeden Trend. Gefragt hat er:

- Was tun herausragende Künstler tatsächlich?
- Wie schaffen sie ihre Werke?
- Woher kommt ihr Mut zum Neuen?
- Was gibt ihnen das Durchhaltevermögen?
- Was gibt ihnen ihre persönliche Stärke, etwas zu tun, was vom Gängigen, vom allgemein Akzeptierten, vom „so haben wir es immer getan" und der dahinter liegenden Warnung „wenn das jeder täte" abweicht?

Ein Kunstwerk zu erschaffen, ist ja (in aller Regel) keine 15-Minuten-Veranstaltung, sondern ein Prozess, der sich über Stunden, Monate und – in der Vorbereitung – über gelebte Jahre und Jahrzehnte hinziehen kann. Da liegen die Parallelen zur Lebensgestaltung etwa jener Menschen aus Csikszentmihalyi's Jugend, die nicht einfach nur mit dem Strom geschwommen sind.

Csikszentmihalyi fand heraus, dass Künstler, die den Namen verdienen, in den Phasen, in denen sie konkret an ihrem Werk arbeiten, zumeist in jenem Bewusstseinszustand sind, dem er dann den Namen „Flow" gegeben hat. Flow ist ein völliges Aufgehen in den Schaffensprozess. Mit Leib und Seele:

- nicht Ziele und Pläne leiten das Tun
- nicht der Beifall eines launischen Publikums (außer bei Vortragskünstlern, wenn ihre Kunst darin besteht, mit den Launen des Publikums zu spielen)
- nicht das Schielen auf Erfolg (mit dem linken Auge auf die Kritiker, mit dem rechten auf den Kunstmarkt)

Kunst ist im Moment der Entstehung „Kunst des Möglichen", das ist wahre Kreativität. Die Mittel sind begrenzt. Mehr als einen Pinsel hält kein Maler in der Hand, mehr als den Hammer und den Meißel hat kein Bildhauer zur Verfügung, der jene Figur aus dem Stein herausklopft, „die ja im Stein bereits steckt".

Es ist ein Wechselspiel: Die eigenen Ideen, Visonen leiten das Tun, aber genauso leitet die anfangs noch weiße Leinwand, der anfangs noch unbehauene Stein den Künstler, und mit jedem Strich oder Hammerschlag wird diese Wechselwirkung enger.

Gedanken an den Sinn des Tuns oder gar an den Erfolg des fertigen Werkes wären Störfaktoren in diesem Schaffensprozess. Die Künstler sind im Flow – ein sehr nützlicher und praktischer Bewusstseinszustand, den auch jeder Mensch bei einfachen Tätigkeiten erfährt, erfahren kann, ja erfahren sollte, denn im Flow „geht die Arbeit wie von selbst".

Glückliches und geglücktes Leben als Lebenskunst

Was Mihaly Csikszentmihalyi über Flow am Beispiel kreativer Menschen zuerst herausgefunden hat, gibt eine gute Vorstellung von einem geglückten Leben.

Das kleine Glück erreichen wir, wenn wir das, was wir tun, im Flow tun. Wie wir in diesen Zustand hinübergleiten können, zeigen die Übungen in Kapitel 4 am Anfang dieses Buches. Sie sind einfach, beanspruchen maximal ein paar Minuten. Man kann sie, falls nötig, also tagtäglich mehrfach durchführen. Wenn sie zu einer guten Gewohnheit werden, reduzieren sie sich auf noch weniger Zeit. Der Weg ist in Stichworten:

Inneren Widerständen gegen eine Aufgabe, an die wir nicht so richtig heranwollen, und den negativen Gefühlen, die diese Aufgaben in uns erzeugen,

- zuerst Raum geben,
- statt über sie nachzudenken,
- statt sie zu analysieren oder
- statt gegen sie anzukämpfen.

Und wenn wir das tun, laufen sich die inneren Widerstände und negativen Gefühle oft von selbst tot.

Hierin liegt das Geheimnis von Motivation und Selbstmotivation bei den vielen kleinen Aufgaben des Alltags, aus denen das Leben nun einmal besteht.

Wie entsteht *dauerhaftes Lebensglück?*

Das Prinzip ist dasselbe. Das Ziel auch, denn auch dauerhaftes Glück setzt sich aus vielen kleinen Glücksmomenten zusammen, die wir erfahren.

Aber die Ansprüche sind höher. Und die Entscheidungen sind schwieriger. Es geht nicht um so einfache Fragen wie:

- Öffne ich jetzt diesen blauen oder grauen Briefumschlag, in dem vermutlich nichts Gutes steht? Oder
- mache ich jetzt den Abwasch, die Schulaufgaben, die Steurerklärung?

Es geht vor allem um eine größere Zeitperspektive. Und die Fragen stellen sich dann in einer Dimension wie:

- Verzichte ich als Mutter auf Karriere, und kümmere ich mich um mein Kind?
- Verzichte ich als Vater auf Karriere, und kümmere ich mich um mein Kind?
- Nehme ich den gut bezahlten Job in einer Tabakfirma an, obwohl ich weiß, dass das Unternehmen ethisch zweifelhafte Produkte herstellt?
- Lasse ich mich als Politiker oder Beamter schmieren, weil ich dann die Familie meines verstorbenen Freundes mit versorgen kann?
- Betrüge ich meinen Mann oder meine Frau?
- Lache ich mit, wenn Ausländerwitze erzählt werden?
- Klaue ich als mittelloser Student das Buch, das ich für mein Examen brauche?

Eine der Testfragen bei solchen Entscheidungen klingt einfach: „Wen will ich sehen, wenn ich in den Spiegel schaue?"

21 Unsere Fähigkeit, uns unglücklich zu machen

Wie sinnvoll der Begriff „Flow" ist, zeigt sich deutlich am Negativbeispiel.

Mit dem Wort „Flow" im Hinterkopf können wir nämlich auf einfache Weise erkennen und sehr praktisch erklären, was Unglücklichsein ist: „persönliches Nicht-Wohlfühlen". Aber das sagt noch nicht viel. Es sagt zum Beispiel noch nicht,

- wie Nicht-Wohlfühlen entsteht,
- was wir dagegen tun und
- wie wir gegen persönliches Nicht-Wohlfühlen vorbeugen können.

Beispiele helfen.

Die kleinen Glücksbrunnen-Vergifter

Beispiel 1: Wir sind zu einer Party eingeladen worden, wir freuen uns darauf – und dann kommen Fragen auf: Was soll ich anziehen, was für Leute sind dort, werden sie mich akzeptieren? Wenn wir mit diesen, leider of kaum gespürten und manchmal völlig unbewussten, aber dennoch wirksamen Empfindungen nicht ins Reine kommen, wird die Freude getrübt.

Beispiel 2: Wir zeigen Menschen ein freundliches Gesicht – aber denken: „Leck mich", und auch, wenn der andere es nicht merkt, wird unsere Möglichkeit, Glück zu empfinden, dadurch getrübt, denn wir spielen ein doppeltes Spiel, und das bindet geistige und seelische Kräfte, die für das Empfinden von Glück dann nicht mehr zur Verfügung stehen und andere Glückspotenziale in uns unterdrücken.

Beispiel 3: Wir haben eine Aufgabe vor uns. Die Pflicht ruft. Wir wollen die Aufgabe auch anpacken – aber sie „sendet negative Signale" aus, wie „zu schwer" oder „zu langweilig". Spontan wird uns diese Aufgabe nicht glücklich machen.

Beispiel 4: Wir sind in einer Kunstausstellung, sind in ein Bild vollkommen vertieft – und irgendein unsensibler Mensch baut sich direkt vor uns auf.

Große und kleine Glücksmomente

Solche und tausend andere Beispiele zeigen zwei Dinge:

1. Wir Menschen sind tatsächlich auf Glück gepolt, denn wir möchten mit den anderen Menschen gut auskommen (Beispiel 1 und 2), unseren Pflichten gerecht werden (Beispiel 3) und unser Tun auch genießen (Beispiel 4).

2. Immer wieder aber gibt es Störfaktoren, Spielverderber, Glücksvergifter – so empfinden wird es.

Sie brechen ein in angestrebte oder bereits empfundene Harmonie, sie holen uns von unserer Wolke herunter, und auf diese Eindringlinge reagieren wir negativ, denn sie stören unseren „Flow", unser Fließen im Strom der Ereignisse.

Die genannten Beispiele waren einfach. Bewusst einfach. Der Grund:

Einer der in Kapitel 16 erwähnten Glücks-Forscher, Prof. Reich, gibt einen guten Rat für mehr Glück im Leben. Glück besteht aus seltenen Erfahrungen von hoher Intensität und sehr vielen kleinen Erfahrungen von nur geringer Intensität.

Um mehr Glück zu spüren, empfiehlt er ein „Portfolio" – gemischt aus einigen Situationen, in denen wir hoch intensive Glücksgefühle bekommen (ein Beispiel ist eine Liebesnacht und eben kein „Quicky"). Und vielen kleinen „Glücklich-Machern".

Die großen Glückserfahrungen sind oft „störanfällig". Die Liebesnacht erfordert einen anderen Menschen, der sein Glück auf dieselbe Weise sucht wie wir. Die kleinen Glücksmomente aber können wir steuern – falls wir sie kennen. Noch einmal deshalb der Hinweis auf das Buch von Florian und Gabriele Langenscheidt über *1.000 Glücksmomente*. Da haben sich zwei Menschen hingesetzt und – ganz subjektiv – aufgeschrieben, was ihnen Glücksempfindungen gibt. Ein sehr guter Rat ist, dasselbe zu tun.

Meine Wohlfühlliste

Eigenartigerweise aber haben wir Menschen das Talent, uns Stunden, Tage und Wochen über tatsächliches oder mögliches Unglück zu sorgen und zu grämen. Uns hinsetzen und eine einfache Checkliste erstellen, wie die gleich folgende, das machen wir nicht.

Meine Wohlfühl-Musikstücke:

_____   _____   _____
_____   _____   _____
_____   _____   _____

Meine Wohlfühl-Menschen:

_____   _____   _____
_____   _____   _____
_____   _____   _____

Meine Wohlfühl-Orte:

_____   _____   _____
_____   _____   _____
_____   _____   _____

Meine Wohlfühl-Situationen:

_____   _____   _____
_____   _____   _____
_____   _____   _____

Meine Wohlfühl-Speisen:

_____   _____   _____
_____   _____   _____
_____   _____   _____

Meine Wohlfühl-Beschäftigungen:

_____   _____   _____
_____   _____   _____
_____   _____   _____

Diese wenigen Anregungen sollen reichen.

Vermeiden der Glücksvergifter

Möglich ist es auch, eine kleine Liste der Menschen, Orte usw. anzufertigen, die bei uns Gefühle des Unwohlseins auslösen. Aber ein etwas anderes Vorgehen ist hier besser.

Unglück empfinden wir, wenn wir aus dem „Flow" herausgerissen werden. Viele Menschen, Orte, Situationen und Tätigkeiten, an denen wir keine Harmonie empfinden können, aber können wir kaum oder gar nicht vermeiden: einen miesen Chef, einen unbefriedigenden Job, eine Wohngegend mit zu viel Verkehrslärm …

Aber etwas anderes können wir: Unser Empfinden steht unter unserer Kontrolle. Weitgehend jedenfalls. Der eigentliche Störfaktor liegt in uns selbst, liegt:

- in unseren automatischen negativen Gefühlen, Verunsicherung, Angst, Ärger, Wut, Rückzug, Verlust von Interesse, Trauer und
- in Gedanken, die sich begleitend dazu automatisch in uns bilden.

Der eigentliche Störfaktor liegt in einem Mechanismus, der mit den vier Buchstaben „muss" verbunden ist. Das zeigen die einfachen Beispiele am Anfang dieses Kapitels. Um nur eins herauszugreifen, die Einladung zu einer Party.

Von negativen Gefühlen inspirierte Fragen kommen auf: Was soll ich anziehen? Was für Leute sind dort, und werden sie mich akzeptieren?

Hinter diesen einfachen Fragen steht der vielleicht tiefverankerte Glückswunsch, den wir haben: der Wunsch nach Geborgenheit.

Manche Männer fühlen sich rundum geborgen, wenn sie eine Krawatte tragen, andere, wenn sie keine Krawatte tragen. Wer so einfach „tickt", kann sich glücklich schätzen, denn er kennt einen einfachen Weg zur Geborgenheit.

Wer komplexer gestrickt ist, hat das Problem, nicht nur sich selbst, sondern auch anderen Menschen gefallen zu wollen. Zwei Möglichkeiten gibt es dann:

1. Wenn dieses Problem in uns Neugier erzeugt und unsere Kreativität anregt, sind wir immer noch „im grünen Bereich", Stichwort: „Problem als Chance". Wir müssen uns, wir dürfen uns etwas einfallen lassen. Das ist eine echte Herausforderung. Eine von vielen tagtäglich. Ein Hinweis auf mögliche Glücksmomente.

2. Mit Zitronen aber handeln wir, wenn aus dem „Ich möchte gefallen" ein „Ich muss gefallen" wird. Noch schlimmer ist ein „Ich muss gefallen, sonst ...", denn hinter dem „sonst" erscheinen drohend Situationen, die sich in unseren automatischen Gedanken zu einem kleinen Weltuntergang auswachsen könnten:

- „Ich muss *dem Gastgeber* gefallen, sonst ... *ist meine Karriere ruiniert.*"
- „Ich muss diese *Hausarbeit* schaffen, sonst ... *ist mein Examen gefährdet.*"

Kein Mensch muss müssen

Meist sind solche automatischen Intuitionen und Gedanken nicht völlig aus der Luft gegriffen. Das ist das eigentliche Problem.

Ein junger Journalist hatte zwei Mal die Chance seines Lebens – so empfand er das. Das eine Mal konnte er den Chefredakteur einer großen Zeitschrift interviewen. Seine Einstellung: *„Ich muss dieses Interview perfekt hinkriegen. Dann gibt er mir den Job, den ich immer schon haben wollte."*

Das zweite Mal hat ein Zufall ihm eine noch größere Chance auf dem Silbertablett serviert. Der Chef dieses

Chefredakteurs war in das Nachbarhaus eingezogen. Man kam sich näher über die gleichaltrigen Söhne, die täglich miteinander spielten. Dann kam die Einladung zur Housewarming Party. Seine Einstellung: *„Ich muss jetzt auch die Frau des Big Boss beeindrucken, dann wird sie dafür sorgen, dass er mir meine Karriere fördert."*

In beiden Fällen hat dieser junge Journalist seelisch leider zu viel Gas gegeben. Er war nicht nur motiviert, sondern übermotiviert, und das nahm ihm die Gelassenheit und innere Geborgenheit.

Für das Interview hatte er die genialsten Fragen vorbereitet aber leider – aus Versehen – die Kassette falsch herum in den Rekorder gelegt. Nach seiner brillianten Anfangsfrage machte es „flopp", die Kassette sprang heraus, der Herr Chefredakteur und Chef-Zyniker sagte: „Nur ein so kurzes Interview?"

Im zweiten Fall lief alles so prächtig, dass man nach der Party noch in der Küche zusammensaß. Die Frau des Big Boss erzählte Persönliches aus alten Zeiten. Und „flopp", dem jungen Kollegen rutschte die Bemerkung raus: *„Ich habe gar nicht gedacht, dass Sie schon so alt sind."*

Zwei Flops. Aus. Vorbei. Schade. Zu viel Gas gegeben. Die Kurve nicht gekriegt. An den Baum gefahren.

Glück durch ein sicheres Selbstwertgefühl

Man kann jeder Herausforderung gerecht werden, wenn man sich selbst treu bleibt. Im Beispiel mit der Partyeinladung und der Sorge um die richtige Garderobe etwa durch

1. eine einfache Entscheidung: „So, das und das ziehe ich zur Party an." Und den Rest bringt
2. eine Geisteshaltung mit sich, die einfach zu benennen, aber nicht ganz so einfach umzusetzen ist:

- Ich bin ein wertvoller Mensch.

Glück durch ein sicheres Selbstwertgefühl **149**

- Ich gebe anderen Menschen die Chance, mich mögen zu dürfen.
- Und wer mich nicht mag, hat ein Problem – nicht mit mir, sonden mit sich.

Ein perfektes Erfolgsrezept ist das nicht. Aber dieses Rezept ist allemal besser als eine Haltung wie:

- Ich bin erst dann ein wertvoller Mensch, wenn die anderen alle mich akzeptieren und keiner gegen mich ist.
- Jede Begegnung mit anderen Menschen ist ein Test – eine Nagelprobe darauf, ob ich ein wertvoller Mensch bin.
- Und wenn mich irgendein Mensch nicht mag, habe ich ein Problem.

Mit dieser Haltung bekommt man garantiert Probleme, macht man sich garantiert unglücklich.

Über das Selbstwertgefühl wird unendlich viel spekuliert. Woher kommt es? Wie bekomme ich es? Das Beste, was Sie darüber lesen können, hat Nathaniel Branden aufgeschrieben *(Die sechs Säulen des Selbstwertgefühls)*. In Kurzform liegt alles in dem Wort „Selbstvertrauen", wenn man es etwas anders buchstabiert als „sich selbst vertrauen".

Da aber geht es aber um eine bestimmte, dauerhafte Haltung dem Leben und den Menschen und sich selbst gegenüber. Sich in signifikanten Situationen unter Druck setzen, seelisch Gas geben – das bringt es meist nicht. Sie können sich für einen wichtigen Termin für tausend Euro neu einkleiden, perfekte Garderobe, und sich mit dem teuersten Parfum umnebeln, dann gehen Sie frisch gestylt los, und Ihr Gegenüber merkt, dass Ihre Absätze schief und die Fingernägel seit Monaten nicht von der Nagelhaut befreit worden sind.

Der Weg, mit sich selbst ins Reine zu kommen – und so auch mit anderen Menschen – besteht wie der Weg zum Glück aus vielen kleinen, beständigen Schritten.

Sich lösen von der MUSSturbation

Hinter jedem MUSS steht eine Haltung, die Albert Ellis (siehe Kapitel 12) als „MUSSturbation" bezeichnet – steht nämlich ein Anspruch, den das Leben nicht einlöst, sondern nur die eigene, angst- oder phantasie-geleitete Selbstbefriedigung: „Die Menschen, die Situationen *müssen* so sein, dass ich mich wohl fühle."

Hier ist eine Brücke, um sich vom „MUSS" frei zu machen:

Nutzen Sie Ihren Verstand. Fragen Sie sich: *„Was passiert, wenn ich falsch angezogen zu einer Party gehe und alle Menschen mich ablehnen?"* Seien wir ehrlich – so etwas passiert nie, außer ein Mensch arbeitet Stunden daran, legt sich mit allen anderen Menschen an, beleidigt jeden ... oder macht Schlimmeres.

Aber unterstellen wir einmal diesen Extremfall völliger Ablehnung. Dann wird es ein fürchterlicher Abend. Mehr aber auch nicht. Niemals ein Weltuntergang.

Eine junge Psychologiestudentin hat von einer Angst an ihrem ersten Tag an der Uni, beim ersten Schritt in den Hörsaal berichtet: *„Ich hatte das Gefühl, alle würden jetzt aufstehen, lachen, mit dem Finger auf mich zeigen und losbrüllen: „Was will die denn hier? Die ist nichts, die kann nichts, und außerdem sieht sie unmöglich aus."*

Die Angst war real. Die Angstbilder aber waren jenseits aller Realität.

Was hat sie getan? Sie hat sich ganz einfach auf einen freien Platz gesetzt, Papier und Bleistift herausgekramt – und dann kam in ihr das gute Gefühl hoch: *„Jetzt beginnt, was du immer wolltest, dein Studium. Mal sehen, was es bringt."*

Ein paar Jahre später hatte sie ihre Angstgefühle besser durchschaut: *„Was ich als Angst empfunden hatte, war ein Wunsch nach Geborgenheit – eigentlich aber auch unangemessene und maßlose Arroganz, die ich mir nicht eingestanden habe, weil ich von ihr nicht einmal eine Ahnung gehabt habe. Was ich mir erträumt hatte, war: Am besten* *alle Menschen mögen aufstehen und sagen: „Toll, die Sowieso ist hier. Die ist was, die kann was, und gut sieht sie auch noch aus."*

Gute Gefühle brauchen etwas länger

Angst und alle anderen negativen Gefühle machen uns maßlos. Wir wünschen uns den Himmel auf Erden und erwarten die Hölle auf Erden.

Gegen negative Gefühle anzukämpfen, kann das Problem leider nicht lösen, wohl aber noch verschlimmern. „Jetzt reiß' dich zusammen", ist solch ein Kampfruf, den man sich dann selbst erteilt. Aber er führt in einer bedrückenden Situation zu noch mehr Druck. Man möchte ja eigentlich locker sein. Und „reiß' dich zusammen und lass' locker" – wenn man darüber nachdenkt, sieht man schnell: das passt nicht zusammen.

Was aber dann tun? Ein extremer Weg ist: Psychotherapie. Aber Therapien dauern lange. Und in jeder praktischen Situation wünscht man sich: „Angstfreiheit jetzt!"

Der einfachere Weg ist: Die Angst fließen lassen – aber aufpassen, dass sie sich nicht hochschaukelt. Angst kann nämlich die unangenehme Eigenschaft entwickeln, dass wir auf sie noch einmal reagieren, etwa so: „Jetzt habe ich Angst. Das sieht man mir an. Spätestens darauf werden die Menschen dann reagieren. Also muss ich meine Angst unterdrücken". Und „flopp" – noch mehr Angst entsteht.

Die Angst fließen lassen ist eine Technik, die ebenfalls mit therapeutischer Hilfe eingeübt werden kann – aber bei vielen Menschen auch eingeübt werden muss, und in solch einem Angsttraining werden zugleich spontan wirksame Entspannungstechniken mit eingeübt, die das Hochschaukeln der negativen Gefühle verhindern.

Die wohl beste Art dieses Trainings ist die RET – die Therapieform, die auf den amerikanischen Psychologen Albert Ellis zurückgeht.

Angst liegt im Auge des Betrachters

RET, die Buchstaben stehen für Rational-Emotive Therapie, wird seit 50 Jahren praktiziert. Und das Buch von Ellis – *Training der Gefühle* – schildert diese Methode so klar, dass ein Selbsttraining möglich erscheint.

RET baut auf der wichtigen Erkenntnis auf, die von William Shakespeare in die bekannten Worte gepackt worden ist: *„Schönheit liegt im Auge des Betrachters."* Wichtiger Nachsatz: *„Un-Schönheit auch."*

Soll heißen: *Es sind nicht die Ereignisse, die uns unglücklich machen, sondern unsere Reaktion auf Ereignisse macht uns unglücklich – oder unsere Vorab-Reaktion auf negative Ereignisse, die wir für möglich halten.*

Aber auch ohne therapeutische Hilfe sind wir in vielen als unschön empfundenen Situationen des Alltags nicht hilflos. Denn was hat die junge Psychologiestudentin gemacht? Das ganz Normale. Das, was alle machen: sich hingesetzt, Block und Bleistift hervorgeholt und einfach gewartet, was passiert.

Dann kamen gute Gefühle in ihr hoch.

Gute Gefühle brauchen leider etwas länger. Aber sie kommen, sobald wir fühlen: „Eine konkrete Gefahr besteht im Moment nicht."

Und diese Wartezeit können wir auf genial einfache Weise überbrücken: Indem wir tun, was alle tun. Auf einer Party können wir einen Menschen begrüßen, uns hinsetzen und über das Wetter reden.

Nicht jeder Mensch muss mit uns über das Wetter reden. Kein Mensch muss müssen. Aber auf den zweiten Blick erkennen wir in aller Regel einen Menschen, der nur zu froh wäre, wenn wir mit ihm über so etwas Unproblematisches wie das Wetter sprechen würden.

Auf den zweiten Blick!

Auf den ersten Blick erkennen wir leider nur, was ins Auge sticht: die Partylöwen, die Selbstdarsteller, die lachende Gruppe alter Bekannter, von der wir spüren: „Da komme ich nicht rein – im Moment jedenfalls nicht."

Das muss auch nicht sein.

Aber niemand hindert uns am Allereinfachsten, an der Höflichkeit. Mit Sicherheit gibt es nämlich irgendwo einen Menschen, der gerade mit niemandem spricht. Auf den zugehen, Guten Tag sagen ... usw; plötzlich sind wir aus der Unwohl-Situation des Neuankömmlings erlöst.

Teil 5

Das schnelle oder das dauerhafte Glück?

22 Jeder kann für 15 Minuten glücklich werden

Die Überschrift zu diesem Kapitel haben Sie in etwas anderer Form schon oft gehört und gelesen, das Wort des amerikanischen Künstlers Andy Warhol: „Jeder kann für 15 Minuten berühmt werden."

Warhol hat darin – auch – seine Kritik an unserer Mediengesellschaft verpackt: etwas Ungewöhnliches tun, bei „Wetten, dass ..." oder Günther Jauch auftreten, die längste Bockwurst der Welt stopfen, aus 50 Metern Entfernung ein Tor schießen, irgendwie ins Guinness-Buch der Rekorde kommen und, und und ... und wenn dann eine Kamera in der Nähe ist, die großen Zeitungen keine andere Schlagzeile haben, dann schnappt die Medienmaschine zu.

Man kann die 15-Minuten-Medien-Ruhm-Maschine auch anschmeißen. Es ist ja kein Zufall, dass durch Zufall immer gerade eine Kamera in der Nähe ist, wenn die alleraktuellste Ex-Frau von Dieter Bohlen gerade ihre Bluse aufknöpft.

Der sichere Weg zu diesem 15-Minuten-Ruhm ist der der Grenzverletzung, der einfachste ist der, sich wie ein ungezogenes Kind zu benehmen:

- Niemand würde einen gehobenen Durchschnitts-Proleten wie den Prinzen Ernst-August zur Kenntnis nehmen, wenn er seine Kleinkind-Wutausbrüche oder den Drang seiner Blase etwas besser im Griff hätte.
- Niemand würde die ehemalige Heidekönigin Fräulein Elvers interessant finden, wenn sie nicht immer wieder neue Anlässe fände, als – früher hätte man gesagt Nackedei – für das Familienalbum der Nation zu posieren.

Das Gegenbild vom Glück

Sind auf diesen Bildern eigentlich glückliche Menschen zu sehen?

Die Frage überlasse ich Ihrer Prüfung, meine Antwort ebenfalls, sie ist ein Four-Letter-Wort: Nein. Viele strahlenden Gesichter erinnern mich eher an ein Anti-Bild vom Glücklichsein. „Glücks-Vorzeiger" sehen dem weltbekannten Smiley sehr ähnlich.

Der Smiley, viele Menschen wissen es nicht mehr, ist ein Motiv aus der Drogenszene. Das Gesicht lächelt, lacht, aber es liegt auch – sehen Sie es ähnlich? – Zynismus in diesem Gesicht.

Das Bild stammt aus den 80er-Jahren, als die Drogenszene zum *Mainstream* geworden war. Mit Drogen experimentiert haben in den Jahrzehnten zuvor einige herausragende Geistesgrößen, Sigmund Freud hatte es wie Christoph Daum in unserer Zeit mit dem Kokain, der englische Philosoph Aldous Huxley mit dem Mescalin – gewonnen aus der mexikanischen Kaktuspflanze Peyote.

Aber richtig in Bewegung kam die Szene, als die chemische Industrie sich dieser Stoffe annahm.

- Bald nach dem Jahrhundert-Medikament „Aspirin" hat Bayer das Heroin synthetisch hergestellt und ursprünglich als frei verkäufliches Beruhigungsmittel auf den Markt gebracht.
- Der Schweizer Dr. Albert Hoffmann (Sandoz, Basel) hat 1938 die Wirkung einer Zufallsmixtur erkannt, Lysergsäurediethylamid, kurz LSD. Der Göttinger Psychiater Prof. Carl Leuner hat damit psychotherapeutische Wirkungen angestrebt, und nannte seine Seelenkur verschämt, verbrämt „katathymes Bilderleben".
- Die *Beatles* haben die psychotrope Wirkung des LSD in ihrem Lied „Lucy in the Sky with Diamonds" – man achte auf die Anfangsbuchstaben – wie sie steif und fest behaupten nicht beschrieben und dem LSD *kein* Denkmal gesetzt. Sehr wohl aber dem Hanf und seinen Abkömmlingen.

- 1952 hat wiederum Hoffmann LaRoche das „Valium" auf den Markt gebracht – ein Hoffnung erweckendes Mittel, das bei Patienten mit schwersten psychiatrischen Störungen beruhigende Wirkungen auslöste. Zehn Jahre später waren zumindest die wirtschaftlichen Hoffnungen aufgegangen – von den Rolling Stones in ihrem Song „*Mother's Little Helpers*" Anfang der 60er-Jahre verewigt: *What a drag it is getting old. Life is much too hard today, I hear ev'ry mother say, mother needs something today to calm her down. And though she's not really ill, there's a little yellow pill. She comes running for the shelter of a mother's little helper ... Doctor please, some more of these, outside the door, she took two more ...*
- Dann wurde die von Usern und Dealern gern so genannte „Herzerweiterungs-Droge" entdeckt, MDMA, also „Ecstacy".

Ecstacy wurde Mitte der 80er-Jahre verboten – und der Smiley tauchte auf: Zeichen dafür, dass man viel verbieten kann, aber nicht die Drogen.

Bringen sie Glück?

Glück mit einer Halbwertszeit von fünf Minuten

Die erwähnte Glücksbuch-Autorin Dr. Ricarda Winterswyl, ehemalige Gymnasialdirektorin in München, warnt vor dem „biochemischen Glück". Man kann auf diesem Wege „Flow-Gefühle" künstlich erzeugen, aber es handelt sich um ein *„flüchtiges Phänomen, die Halbwertszeit liegt bei etwa fünf Minuten".*

Die „Halbwertszeit" ist ein Maß, das aus der Atomphysik stammt. Sie bezeichnet den Zeitpunkt, zu dem eine Substanz die Hälfte ihrer Strahlkraft verloren hat. Bis die gesamte Strahlungsdosis verloren ist, kann es dann noch lange dauern, aber den Glücks-Pillen-Andrehern langt das nicht. Sie suchen neuen Stoff, die Dealer und User.

Sicher ist: Mit Drogen gibt es eine Abkürzung auf dem Weg zu den Glücksgefühlen. Genau so sicher ist, dass diese Suche nicht zum Glück führt, sondern zur Sucht. Glück ist kein Konsumartikel – gleich in welcher Darreichungsform.

TV-Konsum, der liebste Zeitvertreib sehr vieler Menschen, ist gepaart mit einem Minimum an Glücksgefühlen, hat Prof. Mihaly Csikszentmihalyi in vielen Studien nachgewiesen. Prüfen Sie sich selbst, das wird Sie mehr überzeugen: Fernsehen ist ein guter Seelentröster. Das Heimkino befreit uns temporär von Sorgen und Gram, aber wie lange hält der so erreichte Zustand des Nicht-Unglücklich-Seins an, wenn Gottschalk, Jauch und Raab nach getaner Arbeit in der Kantine sitzen? 15 Minuten? Oder 15 Sekunden?

Gottschalk, Jauch und Raab haben allen Grund für Glücksgefühle nach einer Sendung. Sie haben gearbeitet, sie haben etwas geleistet. Sie sind – um es so hochgestochen auszudrücken, wie es gerechtfertigt ist – dem Rat des griechischen Philosophen Aristoteles gefolgt, der Glück an „Tätigkeit und Gelingen" gekoppelt sieht.

Ihr Publikum aber nicht, denn es war ja nicht tätig, und gelungen ist dem Publikum auch nichts.

Zwei Arten von Glück: Das schnelle Glück ist kein Glück

Aristoteles (384–322 v. Chr.) war einer jener Menschen, die zu den 288 Definitionen von Glück, Sie erinnern sich, Kapitel 19, beigetragen hat, die der römische Gelehrte Marcus Terentius Varro in den philosophischen Schriften des Altertums gefunden hatte.

Heute sind wir sehr viel weiter. Und sind sicher noch stärker verwirrt darüber, was uns Glück bringt. Und was nicht. Der amerikanische Psychologieprofessor Steven Reiss (Ohio State University) hat für ein Buch zum Thema „Glück" (*Who am I?* J.P. Tascher, 2000) bereits mehrere tausend Studien und Umfragen ausgewertet.

Seine Leistung ist, dass er von diesem Datengebirge dann abgetragen, was anderswo bereits gesagt worden ist, und was sich nicht als sehr sachdienlich erwiesen hat. Übrig für unseren Weg zum Glück bleibt danach eine überschaubare Landschaft:

- mit einer Hürde, die jeder Mensch überwinden kann und sollte
- und mit 16 Erhebungen, von denen jeder Mensch, so Reiss, vielleicht fünf erklimmen sollte.

Die Hürde: Glück verwechseln mit Glücksgefühlen

Einer der ersten, der als Wissenschaftler im modernen Sinne über Glück geforscht haben, war Prof. William McDougall (1871–1938), Psychologe an der Harvard University. Er erkannte zwei Arten von Glück:

- das Glück der guten Gefühle und
- das Glück der guten Gedanken, der guten Motive und der guten Taten.

Gute Gefühle, die „Good Feelings", entstehen rasch, und sind, wie gesagt, auch durch Drogen, legale wie illegale, aber auch durch andere Mittel und Methoden planbar zu erzeugen: durch Sex, beim Lachen über Stefan Raab (wem's gegeben ist), an der Play Station, sogar beim Geldausgeben und auch durch das Werbefernsehen, das uns ja nicht so sehr informiert, sondern gute Gefühle produziert.

Die Good Feelings werden dann an Kaufimpulse gekoppelt, und ähnlich wie man von „Mutterbindung" bei Babys spricht, spricht man dann von „Emotional Bonding" an Produkte oder von Markenbindung.

„Emotions" ist zum Leitwort der Kommunikationsgesellschaft geworden. „Hype" und „Fun" überall. Und sogar die christlichen Feiertage, Weihnachten und Ostern, werden in unserer Spaßgesellschaft zum „Event" erklärt. Ein Schelm, der Böses dabei denkt, denn wer anderen – oder auch sich selbst – Freude macht, kann sich auf einige der großen Geister der Menschheit berufen:

- Der griechische Philosoph Sokrates (470–399 v. Chr.) hat gelehrt, dass Freude die Basis der Moral ist. Und er hat jenen Leitkultur-Gedanken aufgeworfen, ob Glücksgefühle nicht das Zeichen eines moralischen Lebens sind und Unlustgefühle das Zeichen des Bösen.
- Der griechische Philosoph Epikur (341–271 v. Chr.) hat das Lustprinzip – so ist der missverstanden worden, vollends zum Zentrum der Lehre vom guten Leben gemacht. Körperliche, geistige, und seelische Lust sollen gesteigert werden durch eine auf Lustgewinn gerichtet Lebenshaltung.
- Und tausende von Psychologen haben geglaubt – und andere daran glauben lassen –, dass die Lebensqualität des Menschen daran gemessen werden kann, ob es bei ihnen mehr positive als negative Feelings gibt.

Ist Glück Lust statt Frust?

Nichts spricht dagegen – außer einigen Fakten, die eigentlich jeder kennt:

- Good Feelings, Lustgefühle, Spaß und Fun sind leicht verderbliche Ware. Ihr Effekt verfliegt rasch.

In Minuten, wenn nicht Sekunden, ist zum Beispiel das gute Gefühl eines Orgasmus dahin. Schluss mit lustig. Und dann werden nach dem Lustprinzip zwei Wege zu neuer Lust verfolgt:

1. mehr vom selben – also Erhöhung der Dosis und
2. weniger vom selben – also Suche nach Neuem, nach neuen Witzen oder neuen Sexpartnern, denn über alte Witze kann ja nur noch lachen, wer sie selbst erzählt.

Wie sag' ich's meinem Kinde? Oder meinen Kollegen, meinen Mitarbeitern?

Das Glück durch gute Gefühle wird als leicht empfunden. Es zu bereiten aber ist ziemlich schwer, wenn wir Glück nicht nur für uns allein, persönlich und privat, suchen, sondern für andere Menschen mit.

Wenn diese Art von Glück gesucht wird, bringt die Berg- und-Tal-Fahrt zwischen Lust- und Unlustgefühlen nur wenig. Steven Reiss hat erlebt, und beinahe mit dem Leben bezahlt, wovon er spricht.

> *„Ich war zum ersten Mal mit dem Tod konfrontiert als mir gesagt wurde, ich brauche eine Lebertransplantation. Ich dachte nach über den Sinn in meinem Leben und warum ich so gelebt habe, wie ich gelebt habe. Ich habe das Lustprinzip in Frage gestellt, das sagt, wir sind motiviert, Lust zu maximieren und Schmerz zu minimieren. Als ich krank war, entdeckte ich, warum ich gesund werden und weiterleben wollte, und das hatte wenig zu tun mit Lust oder Unlust."*

Andere Menschen brauchen weniger dramatische Lebenseinschnitte, um sich die gleiche Frage zu stellen:

- Eltern etwa, wenn sie überlegen, ob ihr Kind das schnelle Glück an der Spiele-Konsole nicht doch lieber gegen das mühsamere Glück erledigter Hausaufgaben eintauschen sollte.
- Ähnlich einsichtige Menschen, die über Wirtschaft und Arbeit mehr zu sagen haben, als dass der Markt heute Gott ersetzt hat, von dem ein Kirchenlied sagt: Er sitzt im Regimente und führt alles wohl. Das schnelle gute Gefühl einer Gehaltserhöhung schwindet ebenfalls in kurzer Zeit.

Dauerhaftes Glück im Arbeitsleben wird gefunden wie dauerhaftes Glück insgesamt:

- durch Absicherung gegen Not – also durch die Geborgenheit, die ein sicherer Arbeitsplatz gibt; und dann muss
- eine Herausforderung hinzukommen, die *Neugier* auf die Tätigkeit, das *Interesse* an der Arbeit immer wieder weckt – beschrieben durch die drei Komponenten
  - Aktivierung (die bringt ein sicherer Arbeitsplatz noch nicht)
  - eine ständige Herausforderung, aber
  - keine Überforderung.

Aufschub der Suche nach „Good Feelings" hat, machen wir uns nichts vor, manchmal auch mit Frust zu tun. Mit Bedürfnis-Aufschub.
Wie können wir uns das Erreichen des größeren, des dauerhaften Lebensglücks vorstellen?
Prof. Steven Reiss hat dazu einen 16-Punkte-Test entwickelt. Sie finden ihn in einer abgewandelten Form im nächsten Kapitel.

23 Ein TEST: Wie lebe ich glücklich?

Alle Menschen wollen glücklich leben. Aber wie macht man das eigentlich?

Stellen Sie sich vor, Ihre Freundin, Ihr Kind, Ihr Partner fragt Sie: „Wie sieht ein Leben aus, das sich wirklich zu leben lohnt?" Oder Sie stellen sich diese Frage selbst.

Wer hat darauf eine Anwort? Eine ganz praktische: „Aha – so macht man das. Es ist ein bisschen kompliziert. Aber: Das und das muss ich tun. Dies und jenes muss ich lassen. Und dann führe ich ein glückliches Leben."

Es scheint jetzt einen Menschen zu geben, der eine praktische Antwort auf die Frage nach dem Glück, nach dem guten Leben, das sich zu leben lohnt, weiß.

Steven Reiss heißt er. Nein – er ist kein Astrologe, kein Wahrsager, Guru, Prediger oder Motivationstrainer, keiner, der Ihnen etwas verkaufen möchte, keiner, der nur Ihr Bestes will, nämlich Ihr Geld.

Steven Reiss ist Professor für Psychologie an der amerikanischen Ohio State University, ein hart arbeitender Wissenschaftler, der in einem etwa zehn Jahre dauernden Forschungsprojekt zigmillionen Daten über das Glück gesammelt hat.

Bei uns ist Reiss bisher nur wenigen Menschen bekannt. Unter Wissenschaftlern aber hat er einen sehr guten Ruf. Er gehört zu den drei Prozent wissenschaftlich arbeitenden Psychologen, die am häufigsten von Fachkollegen zitiert werden – die höchste Anerkennung, die ein Wissenschaftler bekommen kann.

Gibt es ein nachhaltigeres Glück?

Können wir uns über den Alltags-Trieb-und-Trott wirklich erheben?

Gibt es mehr als das, was Sigmund Freud geantwortet hat auf die Frage, ob seine Psychoanalyse glücklich macht? Freud, der Wiener, hat mit dem Schmäh des Schlawiners geantwortet, Ziel der Psychoanalyse sei die Rückkehr zum „ganz normalen Unglück".

Im letzten Kapitel haben Sie von einer „Hürde" auf dem Weg zum Glück gelesen. Das schnelle Glück mit seiner 15-Sekunden- oder 15-Minuten-Wirkung, das Konsumglück möge überwunden werden.

Aufgesucht werden sollten, so Prof. Reiss, die Orte auf der Landkarte des Lebens, an die das Glück der Good Feelings nicht heranreicht. Eine solche Landkarte des Lebens mit 16 solcher Erhebungen, hat Reiss in einer viele Jahre dauernden Fleißarbeit gezeichnet.

„Wie macht man das eigentlich – glücklich leben?" Diese Frage hat Prof. Reiss mehr als 6.000 Menschen gestellt. Keine Umfrage, wie wir sie heute dauernd in Zeitungen lesen oder im TV serviert bekommen. Er hat nicht Meinungen abgefragt, hat nicht ein Mikrophon in irgendeiner Fußgängerzone irgendwelchen Menschen hingehalten, damit sie irgendwelche Sprüche von sich geben.

Reiss hat die Lebenspläne dieser 6.000 Menschen erforscht. Und er hat so lange geforscht, bis er sich aufgrund seiner zigmillionen Daten sicher war: Auch wenn er noch hunderte weiterer Lebenspläne analysieren würde, würde er nichts erfahren, was er nicht schon erfahren hat. Was Steven Reiss gefunden hat, ist einfach, ist „quadratisch, praktisch, gut", und ist direkt ins Leben übersetzbar.

Im Grunde gibt es, so Reiss, nur 16 Lebenspläne zum Glücklichsein. Prüfen Sie selbst.

Die 16 Glücks-Pläne sind in unserem Test genannt – formuliert als 16 kurze Persönlichkeitsbeschreibungen. Keine Sorge! Es geht nicht um Fehler und Schwächen, sondern um die starken Seiten der Persönlichkeit. Es geht nicht einmal um „richtig" oder „falsch" – bei unserm Glücks-Test können Sie keine Fehler machen. Und schon gar nicht geht es um den einen und einzigen Weg zum Glück, den jeder Mensch gehen sollte. Den Masterplan für das Glück gibt es nicht.

20 Billionen mögliche Arten von Glück

Im Gegenteil, sagt Reiss: Jeder Mensch sucht und findet sein Glück in einer Kombination der gleich folgenden 16 Punkte. Wenn Ihnen das zu einfach erscheint, lassen Sie sich nicht täuschen:

Die 16 Punkte lassen mehr Kombinationen zu als Menschen auf der Erde leben. Sie können nachrechnen. Tachenrechner her und eingeben: 16 mal 15 mal 14 und weiter bis zur 1. Die meisten Taschenrechner werden hier streiken, denn heraus kommt eine Zahl von mehr als 20 Billionen. Für jeden der sechs Milliarden Menschen auf der Erde bleiben so ein paar tausend Lebenspläne ganz für sich allein. Für Individualität ist also gesorgt.

Aber dies ist kein Mathematiktest, sondern ein Test über das glückliche Leben. Finden Sie sich in den folgenden 16 Persönlichkeitsbeschreibungen wieder?

Darum geht es in unserem Test. Kreuzen Sie einfach an, wie gut jede der 16 Beschreibungen auf Sie zu trifft. Dabei bedeutet:

+ 2 = das beschreibt mich zutreffend
+ 1 = das passt auf mich ziemlich gut
± 0 = das Thema ist für mich ohne Bedeutung
- 1 = so bin ich nicht
- 2 = das lehne ich ab, und so will ich auch nicht sein

Leitmotiv: Aktivität	+2	+1	±0	-1	-2
Ich muss mich bewegen. Ich kann nicht faul rumsitzen. Ich will körperlich fit sein.	❑	❑	❑	❑	❑

Leitmotiv: Kein Stress	+2	+1	±0	-1	-2
Ich möchte vor allem meine Ruhe haben. Aufregung, Anstrengung oder Hektik kann ich nur verabscheuen.	❑	❑	❑	❑	❑

Leitmotiv: Geborgenheit	+2	+1	±0	-1	-2
Ich möchte akzeptiert werden, wie ich bin. Ich möchte nicht kritisiert werden, nicht ständig um meinen Platz oder für meine Interessen und Rechte kämpfen müssen.	❑	❑	❑	❑	❑

Leitmotiv: Geregelt leben	+2	+1	±0	-1	-2
Ich habe Regeln und halte mich an sie. Eins der überragenden Ziele im Leben ist für mich, die Alltagsdinge auf die Reihe zu bekommen.	❑	❑	❑	❑	❑

Leitmotiv: Sparsamkeit	+2	+1	±0	-1	-2
Ich kann mich von nichts trennen. Ich möchte alles aufheben, sammeln, behalten – und bloß nichts wegwerfen.	❑	❑	❑	❑	❑

Leitmotiv: Kontakt	+2	+1	±0	-1	-2
Ich möchte Menschen treffen, aus dem Haus gehen, aus mir herausgehen und Spaß mit anderen Menschen haben.	❑	❑	❑	❑	❑

Leitmotiv: Familie	+2	+1	±0	-1	-2
Ich möchte möglichst viel Zeit mit der Familie verbringen und für die Kinder da sein. Die Kinder sind wichtiger als alles andere in der Welt.	❏	❏	❏	❏	❏
Leitmotiv: Wir-Gefühl	+2	+1	±0	-1	-2
Ich praktiziere Nächstenliebe. Ich setze mich für andere Menschen ein und engagiere mich für soziale Belange.	❏	❏	❏	❏	❏
Leitmotiv: Anstand	+2	+1	±0	-1	-2
Ich lebe nach moralischen Prinzipien. Ich habe ein starkes Ehrgefühl. Anderen Menschen gegenüber bin ich loyal. Ich denke nicht nur an den eigenen Vorteil, sondern genauso an andere.	❏	❏	❏	❏	❏
Leitmotiv: Unabhängigkeit	+2	+1	±0	-1	-2
Ich kann sehr gut allein sein und für mich allein entscheiden. Gebt mir bloß keine Ratschläge. Ich will mich selbst nicht verlieren – auch in der Partnerschaft nicht. Ich möchte keine Abhängigkeit und keine überstarken Bindungen.	❏	❏	❏	❏	❏
Leitmotiv: Sexualität	+2	+1	±0	-1	-2
Ich suche Sex. Ich möchte meine Sexualität ausleben: möglichst oft und intensiv.	❏	❏	❏	❏	❏
Leitmotiv: Essen	+2	+1	±0	-1	-2
Ich genieße das Essen. Viele meiner Wünsche und Gedanken kreisen um die Ernährung. Ich esse oft und gern.	❏	❏	❏	❏	❏

Leitmotiv: Wissen	+2	+1	±0	-1	-2
Ich bin interessiert und neugierig. Ich suche die Wahrheit. Ich möchte alles wissen, alles erforschen und alles erfahren. Ich versuche immer, den Dingen auf den Grund zu gehen.	❏	❏	❏	❏	❏
Leitmotiv: „in" sein	+2	+1	±0	-1	-2
Ich möchte Eindruck auf andere Menschen machen, die wirklich wichtigen Menschen kennen und für mich das Schönste und Beste bekommen.	❏	❏	❏	❏	❏
Leitmotiv: Macht	+2	+1	±0	-1	-2
Ich suche Einfluss. Ich möchte Macht besitzen, den anderen sagen, wo es langgeht. Ich will Karriere machen, der Bessere sein, der Erste sein.	❏	❏	❏	❏	❏
Leitmotiv: Gerechtigkeit	+2	+1	±0	-1	-2
Ich nehme keine Ungerechtigkeiten hin. Ich lasse mir nichts gefallen. Wer Streit mit mir sucht, bekommt ihn auch. Ich kämpfe für meine Rechte.	❏	❏	❏	❏	❏

Das erste Ergebnis dieses Tests

Bei diesem Test gibt es, wie gesagt, kein „Richtig" oder „Falsch" und kein „Gut" und „Schlecht". Einziges Ziel ist: Den Blick allein auf die starken Seiten der Persönlichkeit lenken.

Und wo Sie „+ 2" angekreuzt haben – da haben Sie Ihre größten Stärken. Das nehmen Sie wichtig. Da liegen Ihre

Interessen, Ihre Hoffnungen und Wünsche. Da stecken Sie Ihre Energie hinein und oft auch einen guten Teil Ihrer Zeit. Und von dort her muss auch das Glück kommen – so weit wir aktiv etwas dafür tun können. Woher denn sonst?

Das erste Ergebnis dieses Tests ist also eine Antwort auf Fragen wie:

- „Wer bin ich eigentlich?"
- „Wie lebe ich?"
- „Nach welchen Lebensplänen?"

Wir leben zwar 24 Stunden am Tag mit uns selbst. Über das, woran wir unser Herz hängen und wie sich unsere Intentionen bilden aber wissen die meisten Menschen eigentlich kaum Bescheid.

Ein erster Rat für mehr Lebensglück

Steven Reiss glaubt, dass jeder Mensch etwa fünf oder sechs Gebiete haben sollte, auf die ER oder SIE sich konzentriert und Zeit und Energie investiert. Das ist keine wissenschaftlich erforschte Tatsache, sondern eine Meinung, aber eine interessante:

- Mehr als fünf oder sechs Gebiete kann nämlich heißen: *„Ich versuche vielleicht zu viel. Ich will im Leben mehr als meine Zeit und meine Kraft hergeben."*
- Weniger als fünf oder sechs Gebiete kann heißen: *„Ich weiß nicht recht, wo es für mich langgeht."*

Und wer mehr Kraft geben will als er hat, oder wer sich verzettelt und keinen Plan hat – lebt der ein Leben, das sich zu leben lohnt?

Hinter jeder der 16 Persönlichkeitsbeschreibungen steht also ein Lebensplan. Der einfache Glücks-Test kann Ihnen deshalb bei interessanten Entscheidungen helfen:

- Worauf konzentriere ich in Zukunft meine Zeit und meine positive Energie, um glücklicher zu leben?
- Was nehme ich in Zukunft weniger wichtig?
- Sollte ich mir einen einfacheren Lebensplan machen?
- Reicht meine Zeit und meine Kraft für alles, was ich anstrebe?
- Oder setzte ich Zeit und Energie nicht ausreichend ein, fordere ich zu wenig auf zu wenigen Gebieten von mir? Und kommt daher die empfundene Unzufriedenheit mit dem Leben, also Nicht-glücklich-Sein?

Alle 16 Lebenspläne haben ihren Reiz und ihren Charme. Aber wirklicher Luxus ist jene Askese, die Epikur bereits empfohlen hat: Auf das verzichten, was nicht ins Leben hineinpasst, weil es momentan oder generell den Platz nicht hat, den es bräuchte. Die Empfehlung heißt also: das Glück dort suchen, wo wir Kraft und Zeit investieren können – aber eben nicht mehr als wir tatsächlich haben. Denn „nur der Narr gibt mehr als er hat". Anderen. Aber auch sich selbst.

Das zweite Ergebnis dieses Tests

Es bleibt die Frage, ob Sie sich und Ihre Lebenspläne richtig eingeschätzt haben. Machen Sie deshalb aus dem Test ein kleines Spiel. Fragen Sie einfach einmal einen anderen Menschen: „Wie siehst du mich?"

Bitten Sie diesen Menschen, nicht nur eine Meinung zu äußern, wie bei einer Umfrage in der Fußgängerzone, sondern die 16 Kreuze zu machen.

Natürlich ist hier der Lebenspartner am interessantesten. Wenn ER oder SIE mit 16 Kreuzen Ihr Leben beschreibt, können Sie Ihre Selbstbeschreibung überprüfen.

Interessanter aber ist, wenn der Lebenspartner den Test auch für sich selbst macht. Wenn ER oder SIE gerade in

Ihrer Nähe ist, lesen Sie einfach die 16 Beschreibungen vor, und machen Sie die Kreuze.

Ganz spielerisch erfahren Sie so etwas mehr über die Lebenspläne des Menschen an Ihrer Seite. Und das ist ja der Mensch, an dessen Seite und/oder mit dem Sie das gemeinsame Glück im Leben suchen.

Ein zweiter Rat für mehr Lebensglück

Freuen Sie sich auf ein interessantes Gespräch. Vergleichen Sie Ihre „Plus"-Gebiete – und nicht die „Minus"-Gebiete. Dann erfahren Sie, was viele Paare jahrelang nicht wirklich konkret voneinander wissen, sondern nur ahnen – nämlich:

- ob sie wirklich dieselben Dinge im Leben wichtig finden
- ob sie ihr Lebensglück also auf denselben Gebieten suchen und
- ob sie dieselben Lebenspläne haben.

Natürlich kennt man den Menschen, mit dem man lebt. Einer möchte körperlich aktiv sein, fit sein, sich bewegen. Bloß nicht faul rumsitzen! Der andere möchte das Essen genießen, viel, oft und gerne essen und am liebsten stundenlang am Tisch sitzen.

Beides geht nicht gut zusammen. Und die meisten Paare machen sich nicht ausreichend klar, wie wichtig für den einen das „faule Rumsitzen" bei Tisch ist. Und für den anderen die körperliche Aktivität. Beides gehört jeweils zum Kern der Persönlichkeit. Es ist eine Leitlinie für Lebenspläne. Und dahinter steht die Hoffnung auf Glück.

Klar, einer kann mit Freunden essen gehen, der andere allein oder mit anderen Menschen walken oder joggen. Aber der Tag hat nur 24 Stunden. Auch der Urlaubstag. Und Paare, die ihre Hauptinteressensgebiete miteinander teilen, haben eben gemeinsame Glücksgebiete. Paare, die das nicht tun, verpassen etwas.

Und jetzt kann der Test Ihnen beiden bei gemeinsamen Entscheidungen helfen:

- Worauf konzentrieren wir in Zukunft mehr Energie? Gemeinsam.
- Was nehmen wir in Zukunft weniger wichtig? Und vor allem:
- Gibt es Gebiete, auf denen wir mehr gemeinsames Glück finden können?

Jeder Mensch sollte fünf oder sechs Hauptinteressensgebiete haben. Und Paare tun sich leichter, wenn es hier möglichst viele Überschneidungen gibt.

Lebenspläne verändern: Chancen und Stress

Menschen, die diesen Test bisher gemacht haben, sind mit dem guten Gefühl herausgekommen, dass es sich lohnt, ein paar Dinge im Leben zu ändern:

- stärkere Akzente setzen
- die eigene Kraft auf weniger Dinge konzentrieren
- Ziele aufgeben, für die Kraft oder die Zeit nicht reicht.

Aber Vorsicht, jede Veränderung bedeutet erst einmal Stress – auch Veränderung zum Guten. Sich ändern heißt, alte Gewohnheiten aufgeben, und wie schwer das ist, weiß jeder.

Wenn ein Partner auf das abendliche Joggen drei Mal in der Woche verzichtet, zu Hause bleibt und sich Zeit nimmt für das gemeinsame Essen und gemeinsame Gespräche, dann ist das eine große Veränderung in seinem Leben. Und wer auf Karriere-Träume verzichtet und sich stattdessen mehr auf die Kinder konzentriert, trifft Entscheidungen von großer Tragweite.

Was ist der Lohn?

Hier sind ein paar Stimmen von Menschen, die es probiert haben:

- „Mein Leben ist einfacher geworden. Ich kümmere mich um manche Dinge nicht mehr. Und was ich mache, macht mir mehr Spaß, weil ich mit ganzem Herzen dabei bin."
- „Früher war ich meist jeden Abend gestresst. Und dann habe ich mich gefragt: Warum bist du kaputt? Was hast du eigentlich den ganzen Tag über getan? Und ich habe es oft nicht einmal gewusst."
- „Ich habe mich gezwungen, nur noch eine gute, aber keine perfekte Hausfrau mehr zu sein. Das war ich auch früher nicht. Hausarbeit ist ein Fass ohne Boden. Aber jetzt stehe ich dazu. Ich nörgele jetzt weniger an mir selbst herum."
- „Mein Mann wollte, dass wir gemeinsam joggen. Den Teufel habe ich getan. Aber wir gehen seit zwei Monaten jede Woche konsequent fünf Stunden raus in die Natur. Da kann er dann ein paar Extrarunden drehen. Dann ist er genauso tot wie ich. Wenn wir ‚tot' sind, diskutieren wird nicht endlos über all die Dinge, die wir klären, bereden, ändern oder sonst was wollten. Langsam kriegen wir das Gefühl, das könnten unsere besten Stunden werden."

Zeit und Energie auf fünf oder sechs gemeinsame Hauptinteressengebiete konzentrieren. Den Rest als Ballast abwerfen, wie der Ballonfahrer der zu größeren Höhenflügen abheben möchte. Und wenn das nicht geht: Den Rest locker nehmen, mit links machen und bloß keine Perfektion anstreben – das ist der einfache Rat für ein glücklicheres Leben.

Zu einfach?

Wer weiß einen besseren Rat?

Die 16 Test-Gebiete helfen, die Zeit und die Energie zu konzentrieren. Auf fünf oder sechs Gebiete.

Wer kennt einen praktischeren Rat?

Teil 6

Die glückliche Art zu leben

24 Welche Erfahrungen machen uns glücklich?

In Kapitel 17 hatte ich Sie gebeten, sich an drei Glückserfahrungen zu erinnern:

> 1. Was war das persönlich zufriedenstellendste Ereignis der letzten Woche?
> ___
> ___
> ___
>
> 2. Was war das persönlich zufriedenstellendste Ereignis des vergangenen Monats?
> ___
> ___
> ___
>
> 3. Was war das persönlich zufriedenstellendste Ereignis im letzten halben Jahr?
> ___
> ___
> ___

Drei einfache Fragen dieser Art hat eine Forschergruppe um den amerikanischen Psychologen Prof. Kenneth Sheldon Studenten in den USA und Südkorea gestellt.

Das klingt nicht gerade aufregend, aber der Bericht über diese Forschungsarbeit ist unter Psychologen auf sehr großes Interesse gestoßen. Warum? Bevor ich dies erkläre, noch eine kleine Bitte um Mitarbeit: Wieder die drei Fragen – diesmal allerdings mit umgekehrtem Vorzeichen, es geht also nicht um Glückserfahrungen, sondern über Erfahrungen von Unglück:

> 4. Über welches Ereignis haben Sie sich richtig unglücklich gefühlt?
>
> - in der letzten Woche: _____
>
> _____
>
> - im letzten Monat: _____
>
> _____
>
> - im letzten halben Jahr: _____
>
> _____

Wenn Sie die Fragen 1. bis 4. beantworten, können Sie den Wert der Ideen von Sheldon (der die Frage 4. in seiner Studie nicht gestellt hat – aber sie passt in unseren Zusammenhang) gleich am eigenen Beispiel überprüfen.

Glück als Charaktersache

Mit seinen einfachen Fragen ging es Sheldon nicht um eine einfache Ideensammlung im Stil der *1.000 Glücksmomente* (siehe Kapitel 12), also „Wann, wie, wo und wodurch können wir Glück empfinden?" Vielmehr wollte die Forschergruppe herausfinden, ob Berichte über Glückserfahrungen einem bestimmten Muster folgen.

Deshalb die Fragen nach drei verschiedenen Zeiträumen (Woche, Monat, halbes Jahr) und die Fragen an Menschen in zwei Kontinenten. Amerikaner legen ja großen Wert auf Unabhängigkeit und Individualismus, Koreaner, wie die Menschen in vielen asiatischen Kulturkreisen, legen großen Wert auf Gemeinschaft. Es geht also um eine Antwort auf die Frage: Ist der Fisch, der außerhalb des Fischschwarms schwimmt

- einsam (dies wäre die „typisch asiatische" Antwort) oder
- ist er selbstständig (die „typisch amerikanische" Sichtweise).

Sheldon wollte herausfinden, ob Glückserfahrungen zum Beispiel eher mit Individualismus oder mit Gemeinschaft zusammenhängen. Und sechs weitere Zusammenhänge zwischen Glück und Lebenserfahrungen, die allesamt in der wissenschaftlichen Psychologie Berge von Forschungsliteratur erzeugt haben, wollte er ebenfalls hinterfragen.

Die vier großen Glücksfaktoren

Womit also hängen Glückserfahrungen zusammen – damit, dass ein Mensch sich in der konkreten Situation erlebt:

1. als autonom handelndes Individuum, als selbstständiger Mensch?
Ein autonomer, unabhängiger Mensch sieht sich als „Verursacher" seines Verhalten. Und er und sie sieht sich nicht als Spielball äußerer Mächte oder als Opfer, das äußerem Druck nachgibt. In der Pop-Psychologie heißt so etwas öfter: „Sei der Stückeschreiber deines Lebens und keine Marionette."

2. als Mensch, der in die Gemeinschaft integriert ist, der seinen Platz unter den Menschen gefunden hat?
Hier geht es um gute Beziehungen zu anderen Menschen, um Zugehörigkeit, um das Gefühls regelmäßigen und guten Kontakt mit Menschen zu haben, denen wir etwas bedeuten. Das ist das Gegenteil des Gefühls, einsam und verlassen zu sein (*„Was ich mache, interessiert doch kein Schwein. Deshalb fühle ich mich wie ein ‚armes Schwein'."*)

3. als kompetenter Mensch?
Gemeint ist eine Art des Selbstvertrauens. Der kompetente Mensch handelt in allen – oder doch den meisten – Situationen des Lebens aus einem Gefühl der Sicherheit heraus. er oder sie weiß: „Ich kann mich auf mich selbst verlassen. Und

was ich tue, wird in allen – oder zumindest den meisten – Situationen die beabsichtigte Wirkung zeigen."

4. als Mensch mit einem guten Selbstwertgefühl?
Solch ein Mensch hat die innere Überzeugung: „Ich bin ein wertvoller Mensch. Ich bin so viel Wert, wie andere Menschen auch. Ich fühle mich nicht als ‚loser'."

Was weniger Glück bringt als manche Glückskinder glauben

Hier lohnt eine kurze Unterbrechung in der Auflistung der möglichen Glücksfaktoren.

Prüfen Sie einmal Ihre Anworten auf die ersten drei Fragen am Anfang dieses Kapitels: Glücksmomente in der letzten Woche, im letzten Monat, im vergangenen halben Jahr. Finden Sie die eben aufgezählten vier Glücksfaktoren wieder? Also:

- Autonomie
- Zugehörigkeit
- Kompetenz und
- gutes Selbstwertgefühl

Wenn ja, „Bingo", denn genau das ist, was die Forschergruppe um Kenneth Sheldon herausgefunden hat bei Amerikanern und Koreanern.

Wenn nein? Sheldon selbst weist auf mögliche Mängel seiner Studie hin. Er hat Studenten befragt, also junge Menschen aus eher gehobenen gesellschaftlichen Schichten. Und sie kamen nur aus zwei Ländern. Es können sich in weiteren Studien also Alters-, Bildungs-, und andere soziale oder kulturelle Unterschiede durchaus noch zeigen.

Aber sehr wahrscheinlich ist es nicht. Denn Sheldon hat sich diese Auswertungskategorien nicht irgendwann abends beim Bier ausgedacht, sondern hat letztlich tausende von Studien über das gute Leben, das sich zu leben lohnt, herangezogen, um ein Schema zu finden, nach dem die reichhaltigen und unterschiedlichen Glückserfahrungen im Prinzip aller Menschen in eine einfache, überschaubare Ordnung gebracht werden könnten.

Vier „Tipps" als „Anleitung zum Unglücklichsein"

Außerdem: Sie erinnern sich an die Worte des Glücks-Forschers Prof. David G. Myers (Kapitel 14): *Nenn' mir dein Alter – und ich weiß noch nichts darüber, wie glücklich du bist. Nenn' mir dein Einkommen – und wenn du die lebensnotwendigen Ausgaben bestreiten kannst, weiß ich noch nichts darüber, wie glücklich du bist.*

Beim Einkommen gibt es die Einschränkung „wenn du die lebensnotwendigen Ausgaben bestreiten kannst", aber darüber hinaus gilt, dass eben auch Einkommen und Besitz keinen Hinweis auf persönlich empfundenes Glück bringen.

Schauen Sie jetzt einmal Ihre Antworten zu Frage 4. am Anfang des Kapitels an. Da ging es um die Erfahrung von Unglück. Hat solch eine Erfahrung etwas mit finanzieller Verunsicherung zu tun gehabt? Allgemeiner gesagt: Ging es um ein Problem, das mit Geld hätte gelöst werden können?

Wenn ja – dann sind Sie hier einem fünften Faktor, der mit Glück zusammenhängt, auf der Spur (mehr dazu im nächsten Kapitel, *Die Big Five eines glücklichen Lebens*). Überprüfen Sie aber auch einmal Ihre Unglückserfahrungen dahingehend, ob dabei die vier Faktoren

- Autonomie
- Zugehörigkeit

- Kompetenz und
- gutes Selbstwertgefühl

gefehlt haben. Das würde zum Beispiel heißen: Sie haben

- nicht autonom, sondern unter Zwang gehandelt.

Und Sie haben sich

- allein gelassen gefühlt
- als Versager gefühlt und
- wertlos gefühlt

Wenn bei weiterer Forschung über Erfahrungen von Glück oder Unglück solche Ergebnisse gefunden würden – alles spricht bisher dafür – hätte dies weitreichende und positive praktische Folgen: Das Geheimnis eines glücklichen Lebens wäre nicht mehr gar so geheim.

Glücks-Killer: fehlende Geborgenheit

Was spricht dafür, dass Sheldon's Befunde Bestand haben?
Die Forschergruppe um Prof. Sheldon hat sechs weitere mögliche Ordnungsgesichtspunkte für Glückserfahrungen in ihre Studie mit einbezogen. Und jetzt kommen sechs wirklich „alte Bekannte" – allerdings: Sie haben mit Glückserfahrungen wenig zu tun. Gerade deshalb lohnt es sich, sie sich genauer anzusehen. Fahren wir also fort, wir waren bei Punkt 4., jetzt folgt:

5. Geborgenheit
Gemeint ist das allgemeine Gefühl von Sicherheit und konkret: Kontrolle über das eigene Leben haben, statt sich durch die Lebensumstände bedroht zu fühlen.

6. Selbstverwirklichung
Hier geht es um das Leitmotiv mehrerer Generationen seit den 60er-Jahren bis heute: Das eigene Potenzial entwickeln und so dem Leben Sinn geben. Stillstand in der persönlichen Entwicklung wird als Sinnlosigkeit des Lebens empfunden.

7. Lust und Anregungen *(stimulation)*
Hier zeigt sich eine Richtung, in die die Selbstverwirklichung (Punkt 6.) gehen soll: Mehr Vergnügen und gute Gefühle (*enjoyment* und *pleasure*), ein angeregtes Leben, kein reizarmes *(understimulated)*, vom Leben nicht gelangweilt werden (*feeling bored* – wobei Langeweile im amerikanischen Sprachgebrauch manchmal mit Depressivität gleichgesetzt wird).

8. Fitness
Das Gefühl haben: „Mein Körper ist gesund und bekommt die nötige Pflege und Aufmerksamkeit. Ich bin nicht außer Form oder gar ungesund."

Die Faktoren 5. bis 8. stützen sich – wie die Faktoren 1. bis 4. – wie aufgrund psychologischer Forschung über Glück nachgewiesen auf Motive, Bedürfnisse, Ziele und Lebenspläne.

Zwei weitere Faktoren, 9. und 10., hat Sheldon ebenfalls berücksichtigt – gerade weil hierzu kaum Forschung vorliegt, wohl aber eine weit verbreitete Meinung darüber, was ein glückliches Leben ausmacht.

9. Geld und Luxus
Dies nennt Sheldon den „amerikanischen Traum" – das Gefühl: Es steht genug Geld zur Verfügung, um das meiste, was ich haben möchte, auch kaufen zu können. Ich fühle mich nicht als armer Mensch, dem keine schönen Dinge gehören.

10. Beliebt sein und Einfluss haben
Sheldon hat hier bewusst den Titel des wohl bekanntesten Buches von Dale Carnegie aufgegriffen: *„How to win friends and influence people"* – *have friends* bedeutet „beliebt sein" eher als das europäische Bild tiefer Freundschaft. Es geht also darum, beliebt zu sein, nicht unrespektierlich behandelt zu werden und Einfluss auf andere Menschen nehmen zu können, statt sich als ein Mensch zu fühlen, dessen Rat und Meinung niemanden interessiert.

Der amerikanische Traum führt nicht zum glücklichen Leben

Mit Ausnahme des 5. Punkts sind alle weiteren von Sheldon geprüften Faktoren Leitmotive eines *Lifestyle*, der in den USA geprägt worden ist, der sich zu dem Begriff „Leitkultur" zusammenfassen lässt und unsere „globale Weltkultur" immer stärker prägt. Aber: Nicht nur junge Koreaner, sondern auch die befragten jungen US-Amerikaner bringen diesen *Lifestyle* nicht mit ihrer persönlichen Erfahrung von Glück in Verbindung.

Werden amerikanische Studenten direkt nach ihren Zielen gefragt, stehen materielle Werte – Punkt 9., Geld und Luxus in Sheldon's Liste – an der Spitze dessen, was durch die Mühen des Studiums angestrebt wird.

Wird aber nicht nur an der Oberfläche nach allgemeinen Einstellungen gefragt, sondern das tiefer liegende Gefühl angesprochen: „Wann haben Sie persönliches Glück erfahren" – dann zeigt sich eine Abkehr von der herrschenden öffentlichen und in Medien und Werbung so umfassend und intensiv veröffentlichten Meinung. Der amerikanische Traum vom glücklichen Leben setzt sich zusammen aus:

- Selbstverwirklichung, das *human potential movement*
- immer intensivere Reize *(sensation seeking and fun, fun, fun)*
- Fitness und Wellness
- Geld und Luxus
- *win friends and influence people ...*

All das aber scheint – auch nach dem Empfinden junger Amerikaner – kein Glücksgarant zu sein. Über das Thema „Glück" zeigen sie sich auf der Gefühlsebene so gut informiert, als hätten Sie sich die Ergebnisse der Glücks-Forschung (siehe Kapitel 14 und 16) bereits zu eigen gemacht.

Wie viel muss man auf die Meinung junger Studenten geben?

Was Studenten denken, fühlen und meinen, ist nicht repräsentativ für die Bevölkerung. Markt- und Meinungsforschungs-Institute aber gaben und geben sich mit einfachen repräsentativen Umfragen längst nicht immer zufrieden.

Repräsentative Umfragen sagen viel über den heutigen Stand der Dinge aus. Umfragen aber werden in aller Regel von der Wirtschaft in Auftrag gegeben. Was heute der Fall ist, wissen die Unternehmen aufgrund ihrer eigenen Verkaufsdaten. Ihnen geht es immer auch und mehr noch um Zukunftsprognosen.

Deshalb ist ein Blick „in die Kristallkugel" für sie wichtig, und deshalb werden „Zukunftseliten" intensiv erforscht (für Fachleute: in den USA zum Beispiel haben sich Institute wie SRI oder Yankelovich, Skelly and White hervorgetan). Von allgemeinem Interesse ist, dass das bekanntere Gallup-Institut sich bei den Forschungen der Positiven Psychologie stark engagiert.

Positive Psychologie ist zum Teil praxisnahe Forschung. Die meisten der in diesem Buch erwähnten Studien kommen von Psychologen, die hierin engagiert sind. Was ein kommerzielles Unternehmen wie Gallup damit zu tun hat? Es gehört einem Psychologen. Es hat – ähnlich wie das deutsche Institut Allensbach, deren Gründerin, Elisabeth Noelle-Neumann, als junge Frau bei der Gallup-Organisation in den USA gearbeitet hat – immer auch gesellschaftliche Grundlagenforschung betrieben. Stichwort: sozialer Wandel. Und hier fällt jungen Studenten möglicherweise Meinungsführerschaft zu.

Welcher soziale Wandel zeichnet sich ab?

Glücks-Forscher Prof. David G. Myers hat ihn in einem geistreichen Wortspiel so ausgedrückt: In der US-Verfassung verankert ist das Streben nach Glück, der *pursuit of happiness*. Mit denselben drei Buchstaben wie pursuit beginnt auch das englische Wort für Kauf *(purchase)*. Aus dem *pursuit of happiness* ist in den vergangenen Jahrzehnten ein *purchase of happiness* geworden, der Versuch, Glück durch den „amerikanischen Traum" zu erreichen. Eine Sackgasse, wie wir aus der modernen Glücks-Forschung wissen. Ein Fortschritt auf dem Weg zum Glück, dem pursuit of happiness, zeigt sich in anderer Richtung, in den **BIG FIVE**, die Thema des nächsten Kapitels sind.

25 Die BIG FIVE eines glücklichen Lebens

Die Psychologie kennt, wie jede Wissenschaft, zwei Entwicklungslinien:

- Studien machen und Daten produzieren, und
- diese Datenmassen immer wieder neu sichten, um zu grundlegenderen und deshalb auch einfacheren Erkenntnissen zu kommen.

Es ist der Weg vom Wissen zur Weisheit.

Die Weisheit zeigt sich in der Reduktion unüberschaubarer Datenmengen auf ein menschliches Maß. Hier spielen die so genannten BIG FIVE eine Rolle. Der Begriff stammt aus der Persönlichkeitsforschung. In der Intelligenzforschung aber gibt es inzwischen einen vergleichbaren Übergang von Wissen zur Weisheit. Und dank Sheldon's Arbeit deutet sich auch auf unserem Themengebiet, dem der Motivation, zu dem Glück gehört, eine ähnliche Entwicklung an.

Wie werden die BIG FIVE gefunden?

In der Persönlichkeitsforschung ist die wissenschaftliche Forchung seit Mitte der 80er-Jahre zu einem allgemein akzeptierten Konsens gekommen. Es gibt fünf wirklich wichtige Persönlichkeitsfaktoren (das Buch *Trotzdem Glücklich* von Robert L. Otter berichtet über diese BIG FIVE ausführlich.) Um sie kurz zu erwähnen, es sind:

- Liebe, Fürsorge, soziales Engagement, Hilfe am Nächsten

- Kontaktfreude, Extraversion
- Sensibilität, Nervosität
- Fantasie und Offenheit für Neues
- Disziplin, Normverhalten und Ordnung

Es war ein langer Weg vieler Forscher bis zu diesen BIG FIVE. Einer der Wege hat in den 30er-Jahren mit einer Fleißarbeit des Harvard-Professors Gordon Allport begonnen.

Allport hat in einem ersten Schritt alle in den Lexika vorhandenen Worte zur Beschreibung der Persönlichkeit herausgesucht; rd. 16.000 waren es. Offensichtlich dasselbe aussagende Worte hat er gestrichen, durch wissenschaftliche Testverfahren konnte weiter und weiter gestrichen werden, bis schließlich die BIG FIVE übrig blieben. Ein praktischer Nutzen: Wer Persönlichkeitstests entwickeln will weiß jetzt, dass die BIG FIVE darin enthalten sein müssen. Und sie reichen für alle praktischen Belange – Eignungsprüfungen im Arbeitsleben oder im therapeutischen Bereich das genauere Beschreiben seelischer Störungen.

Aber selbst für die alltägliche Menschenkenntnis geben die BIG FIVE die Hinweise, worauf man sinnvoller Weise achten sollte.

Eine ähnliche Entwicklung gibt es in der Intelligenzforschung. Auch die Unzahl von Daten in diesem Bereich beginnt sich zu sortieren. Gesichert sind durch das Lebenswerk des Harvard-Psychologen Prof. Howard Gardner nicht BIG FIVE, sondern ACHT grundlegende Intelligenz-Dimensionen, eine weitere könnte hinzukommen. Intelligenztests werden so einfacher und praktikabler, und auch hier zeigt sich ein Alltagsnutzen. Einer der GROSSEN ACHT (oder neun) Intelligenzfaktoren ist als „Emotionale Intelligenz" inzwischen sogar Teil der Umgangssprache geworden.

Was den Menschen „antreibt"

Unser Thema ist nicht die Intelligenz- oder die Persönlichkeitsforschung, sondern Glück. Glück gehört vom persönlichen Erleben her in den Bereich der Gefühle, aber eng damit zusammen hängen – siehe Kapitel 20 – auch die Intentionen, der gesamte Bereich der Motivation: das, was den Menschen „antreibt" – hinzu kommen alle Arten des Denkens, das logische, das kreative und das „automatische".

Die Motivationsforschung hat lange Zeit unter einem Chaos gelitten und zugleich unter einer zu starken Vereinfachung. Zu einfach war der jahrzehntelange Versuch, alles menschliche Streben mit dem „Lustprinzip" zu erklären. Der Mensch sucht Lust und meidet Unlust, also Schmerz, hieß es. Nicht falsch, aber zu einfach, speziell in der praktischen Anwendung.

In der Erziehung und in der Betriebspsychologie hat man versucht mit Lust und Unlust auszukommen, daraus ist das Prinzip der Belohnung und Bestrafung entstanden: Lobe, belohne Kinder oder Arbeitnehmer, wenn sie etwas richtig machen, und bestrafe sie, wenn sie etwas falsch machen. Das funktioniert nicht.

Auf der anderen Seite das Chaos. In der wissenschaftlichen Psychologie sind einmal 5.000 „Triebe" gezählt worden, über die es Forschungsarbeiten gibt. Auch das hat wenig Wert.

Nun zeichnet sich ab, dass auch in der Motivationsforschung die BIG FIVE – die wichtigsten menschlichen *Beweggründe* – vielleicht bereits gefunden worden sind. Darin liegt die große wissenschaftliche Bedeutung der Studie von Kenneth Sheldon (siehe Kapitel 24).

Sheldon's BIG FIVE bringen Licht in den Datendschungel.

Glück kann als das Hauptmotiv des Menschen angesehen werden, denn „jeder Mensch sucht Glück", hat nicht nur der französische Philosoph Blaise Pascal gesagt.

Aber Glück ist ein komplexer, abstrakter Begriff. *(Für Fachleute: er kann vielleicht mit der „generellen Intelligenz", dem g-Faktor der frühen Intelligenzforschung, gleichgesetzt werden.)* Die BIG FIVE des Glücks wollen wir uns noch einmal genauer ansehen. Vier sind genannt worden:

1. Autonomie
2. Zugehörigkeit
3. Kompetenz und
4. gutes Selbstwertgefühl

Die Nr. 5 ist erwähnt worden: Geborgenheit.

Sie überzeugen, weil Sheldon den Weg zum Glück sehr viel einfacher und genauer als andere Forscher aufzeigt. Darin liegt die große Lebens-praktische Bedeutung seiner Studie.

Fünf Garanten eines glücklichen Lebens

Die BIG FIVE erklären sehr lebensnah, wie Glück entsteht:

Geborgenheit ist die Basis. Ein anderer Begriff für Geborgenheit ist Ur-Vertrauen – jenes Gefühl, akzeptiert zu werden ohne Wenn und Aber.

Dass Ur-Vertrauen für ein Baby wichtig ist, wissen wir. Was es für den Erwachsenen bedeutet, steht in Kapitel 23, in den 16 Punkten von Steven Reiss: *Ich möchte akzeptiert werden, wie ich bin. Ich möchte nicht kritisiert werden, nicht ständig um meinen Platz oder für meine Interessen und Rechte kämpfen müssen.*

Ohne Geborgenheit, ohne Ur-Vertrauen ist ein menschenwürdiges Leben infrage gestellt. Und hierunter fällt auch, was bisher über Geld und Glück gesagt worden ist. Menschenwürdig ist eben auch nur ein Leben in „materieller Geborgenheit". Das materiell Notwendige muss sichergestellt sein, im Wortsinne – so wie das Wort „notwendig" oft und gerne erklärt wird: *Not wenden.*

Aber: Geborgenheit, Ur-Vertrauen oder Sicherheit schaffen noch kein Leben. Sie sind erst die Basis für ein glückliches Leben. Sie verhindern das Unglücklichsein, die seelische und materielle Not.

Selbstwertgefühl und Kompetenz. Beide hängen sowohl mit Glücklichsein als auch mit Unglücklichsein zusammen. Das ist einfach nachzuvollziehen:

Fehlendes *Selbstwertgefühl* ist eine Quelle der seelischen Verunsicherung, der Ängstlichkeit, also: eine Quelle für das Unglücklichsein. Ein stabiles Selbstwertgefühl hingegen ist eine Quelle persönlicher Befriedigung, also Glück. Stabil ist das Selbstwertgefühl, wenn es nicht von Zufällen, von der „Glücksgöttin Fortuna" abhängt oder von Dingen, die einem genauso gut genommen werden können.

Dazu gehört vieles, was Menschen anstreben. Eine einfache Auflistung gibt es seit 2.000 Jahren. Sie verdanken wir dem griechischen Philosophen Epiktet (etwa 85–140 n. Chr.). Er rät zwischen dem zu unterscheiden,

- was in unserer Macht steht: Denken, Tun, Verlangen und Meiden, und dem
- worüber wir letztendlich keine Macht besitzen: den Körper (er kann krank werden), Besitz (er kann genommen werden – zum Beispiel durch Verluste am Neuen Markt), Ansehen (Wertschätzung durch andere Menschen) und Würde (gemeint sind Ämter und Positionen).

Ein stabiles Selbstwertgefühl sollte sich also auf das gründen, was uns nicht genommen werden kann .

Sicheres Selbstvertrauen

Kompetenz zeigt sich in Selbstvertrauen, der Zusammenhang mit Glück ist deutlich: Eine von innen heraus kommende – der Fachausdruck ist: intrinsische – Motivation, sich den Augaben und Anforderungen des Lebens zu stellen, hat Selbstvertrauen als wichtige und notwendige Voraussetzung. Aber Selbstvertrauen kann man nicht von außen – der Fachausdruck ist: extrinsisch – erzwingen. Wenn das geschieht, wird Selbstvertrauen untergraben. Druck macht unglücklich.

Autonomie und Zugehörigkeit. Bei diesen Faktoren geht es ausschließlich um Glück.

- Autonomie heißt: sich als Schöpfer des eigenen Verhaltens erleben. Die besten Kräfte werden eingesetzt.
- Zugehörigkeit bedeutet: Ein Mensch besitzt so viel soziale und emotionale Intelligenz, dass sie oder er seinen Platz unter den Menschen immer wieder sicherstellen kann.

Wenn Autonomie und Zugehörigkeit fehlen, muss dies noch nicht unbedingt zu intensiven gespürten Gefühlen von Unglücklichsein führen. Im Gegenteil:

- Eine fehlende Bindung an Menschen wird in unserer Zeit geradezu als Individualismus idealisiert (dass diese Lebenshaltung mit Glück nicht viel zu tun hat, ist bereits in Kapitel 13 erklärt worden).

Und auch für fehlende Autonomie gibt es Lebenspläne, die von vielen Menschen als der Weisheit letzter Schluss betrachtet werden. Es gibt den angepassten Menschen, den Mitläufer, das sind Negativ-Begriffe. Wer so lebt wird es mit einem positivem Wort benennen: Lebensklugheit. Aber sie langt nur für sehr kleine Glücksmomente, und dies wird oft kompensiert durch die Suche nach hoch intensiven Glücksmomenten. Die plastischen Beispiele finden sich im Bereich des Sexualverhaltens, wenn Moralapostel zu Hause sich dann doch die Porno-Videos „reinziehen", der Hausherr abends Fummel anlegt usw., usf.

26 Lebenspläne und Glück

Gehen Sie jetzt noch einmal die von Steven Reiss benannten 16 Lebenspläne durch. Reiss hatte geraten, sich fünf oder sechs herauszusuchen und darauf seine Zeit und Energie zu konzentrieren.

Die Forschergruppe um Prof. Sheldon gibt mit ihren BIG FIVE zusätzliche Hinweise, welche dieser Lebenspläne in welche Glücksrichtung weisen.

Geborgenheit und Glück

Dass Geborgenheit und Ur-Vertrauen in Reiss' 16 Lebensplänen auftauchen, überrascht deshalb nicht. Geborgenheit ist die Basis des Glücks. Auf den Zusammenhang mit Glück haben wir bereits hingewiesen:

- *Ich möchte akzeptiert werden, wie ich bin. Ich möchte nicht kritisiert werden, nicht ständig um meinen Platz oder für meine Interessen und Rechte kämpfen müssen.*

Aber selbst darauf verzichtet oft ein Mensch, der zum Beispiel nicht in materieller Sicherheit lebt, sondern in echter materieller Not. Er wird auf eine hoch fliegende Suche nach Glück verzichten. Ausnahmen gibt es natürlich, die sprichwörtlichen hungernden Künstler etwa.

Auch andere Lebenspläne, die auf den ersten Blick vielleicht etwas „spießig" erscheinen könnten, sind ein Ausdruck der Suche nach Geborgenheit und Ur-Vertrauen, zum Beispiel:

- *Ich möchte vor allem meine Ruhe haben. Aufregung, Anstrengung oder Hektik kann ich nur verabscheuen.*
Oder:
- *Ich kann mich von nichts trennen. Ich möchte alles aufheben, sammeln, behalten – und bloß nichts wegwerfen.* Als aktivere Aussage:
- *Ich habe Regeln und halte mich an sie. Eins der überragenden Ziele im Leben ist für mich, die Alltagsdinge auf die Reihe bekommen.*

Auch Genussstreben kann der Suche nach Geborgenheit dienen:

- *Ich genieße das Essen. Viele meiner Wünsche und Gedanken kreisen um die Ernährung. Ich esse oft und gern.*

Selbstwert, Selbstvertrauen und Glück

Gefühle von **Selbstwert** und **Kompetenz/Selbstvertrauen** zeigen sich in Reiss' 16 Punkten zum Beispiel in Formulierungen von Lebensplänen wie

- *Ich bin interessiert und neugierig. Ich suche die Wahrheit. Ich möchte alles wissen, alles erforschen und alles erfahren. Ich versuche immer, den Dingen auf den Grund gehen.*
Oder:
- *Ich suche Sex. Ich möchte meine Sexualität ausleben: möglichst oft und intensiv.*
- *Ich muss mich bewegen. Ich kann nicht faul herumsitzen. Ich will körperlich fit sein.*

Autonomie, Bindung und Glück

Individualität/Autonomie zeigt sich in Lebensplänen wie

- *Ich kann sehr gut allein sein und für mich allein entscheiden. Gebt mir bloß keine Ratschläge. Ich will mich selbst nicht verlieren – auch in der Partnerschaft nicht. Ich möchte keine Abhängigkeit und keine überstarken Bindungen.*
Oder – wenn auch mit eher negativem Einschlag:
- *Ich nehme keine Ungerechtigkeiten hin. Ich lasse mir nichts gefallen. Wer Streit mit mir sucht, bekommt ihn auch. Ich kämpfe für meine Rechte.*

Zugehörigkeit zeigt sich in der Auflistung von Reiss zum Beispiel in Lebensplänen wie

- *Ich möchte Menschen treffen, aus dem Haus gehen, aus mir herausgehen und Spaß mit anderen Menschen haben.*
- *Ich möchte möglichst viel Zeit mit der Familie verbringen und für die Kinder da sein. Die Kinder sind wichtiger als alles andere in der Welt.*
- *Ich praktiziere Nächstenliebe. Ich setze mich für andere Menschen ein und engagiere mich für soziale Belange.*
- *Ich lebe nach moralischen Prinzipien. Ich habe ein starkes Ehrgefühl. Anderen Menschen gegenüber bin ich loyal. Ich denke nicht nur an den eigenen Vorteil, sondern genauso an andere.*

Der „amerikanische Traum" und das Un-Glück

Übrig bleiben von den 16 Lebensplänen, die Reiss gefunden hat, nur zwei – und sie sind Manifestationen des

„amerikanischen Traums", der – so Sheldon – nur wenig mit einem glücklichen Leben zu tun hat:

- *Ich möchte Eindruck auf andere Menschen machen, die wirklich wichtigen Menschen kennen und für mich das Schönste und Beste bekommen.* Und:
- *Ich suche Einfluss. Ich möchte Macht besitzen, den anderen sagen, wo es langgeht. Ich will Karriere machen, der Bessere sein, der Erste sein.*

Wie macht man das: glücklich leben?

Sie erinnern sich an unsere drei Fragen in Kapitel 12:

- *„Glücklich leben, wie macht man das eigentlich?"*
- *„Wie kann ich Menschen, an deren Glück ich interessiert bin, zeigen, wie ein glücklicheres Leben aussieht?"*
- *„Was kann ich tun, damit das Leben und Zusammenleben mit Menschen, die mir wichtig sind, generell glücklicher wird?"*

Auf diese Fragen hat die heutige Glücks-Forschung eine praktische Antwort – privat in Partnerschaft und Familie und auch für den Beruf. Kapitel 1 hat mit der Frage begonnen: *Kann es so etwas wie eine „Anleitung zum Glücklichsein" geben?* Die Antwort ist „Ja".

Sie liegt in einem Lebensplan, bei dem die großen fünf Glücksfaktoren die wichtige Rolle spielen. Man kann sie nicht oft genug wiederholen:

- Geborgenheit
- ein durch eigenes Tun und eigene Leistung (nicht eigene Erfolge) gefestigtes Selbstwertgefühl
- Kompetenz durch „sich selbst vertrauen"

- Individualität und Persönlichkeit durch die Entwicklung aller Talente (aller Talente, nicht unbedingt: aller Fähigkeiten) und
- Bindung und Zugehörigkeit: der sichere Platz unter den Menschen – speziell den Menschen, mit denen man das Leben teilt. Sie werden manchmal als „signifikante Personen" bezeichnet.

So weit zur ersten Frage: *„Glücklich leben, wie macht man das eigentlich?"*

Glück für die „signifikanten Personen" in unserem Leben

Es gab zwei weitere Fragen:

- *„Wie kann ich Menschen, an deren Glück ich interessiert bin, zeigen, wie ein glücklicheres Leben aussieht?"*

Diese Frage betrifft Eltern und Lebenspartner in besonderer Weise. Klar wird, dass Kindererziehung nach den BIG FIVE eine sehr gute Vorbereitung der nächsten Generation auf das Leben ist. Und wer seine Partnerschaft daran ausrichtet, ist ebenfalls auf einem guten Weg:

- Geborgenheit geben als Basis für das Zusammenleben und als Schild gegen Unglück.
- Autonomie nicht nur erlauben, sondern fördern, damit Erfahrungen gemacht und Selbstständigkeit erreicht wird.
- Bindung als Rückversicherung.
- Selbstvertrauen durch Leistung des Kindes fördern, ja fordern. Und für den Partner gilt dasselbe, denn nur so entsteht ein
- stabiles Selbstwertgefühl.

Bleibt die Frage:

- *„Was kann ich tun, damit das Leben und Zusammenleben mit Menschen, die mir wichtig sind, generell glücklicher wird?"*

Über den persönlich privaten Bereich haben wir gesprochen. Deshalb ein Blick auf die Arbeitswelt.

Die BIG FIVE geben eine einfache Orientierung für alle Menschen, deren Beruf im Kern darin besteht, mit Menschen zusammenzuarbeiten: Lehrer, Manager, Pfarrer, Sozialarbeiter, Politiker usw ... Und diese Aufzählung kann in unserer Kommunikations- und Dienstleistungsgesellschaft auf fast alle Berufe ausgedehnt werden.

Es geht nicht um eine „schöne neue Welt". Wohl aber um mehr Glück jeden Tag für jeden – oder doch fast jeden – Menschen. Und dieses Glück entsteht, wenn in der Erziehung, der Selbst-Erziehung (das, was wir heute verbrämt/verschämt als Selbstmanagement bezeichnen) und im tagtäglichen Umgang von Mensch zu Mensch geachtet wird auf die BIG FIVE des glücklichen Lebens.

Also: wenn wir ein Leben führen – auch im Beruf –, bei dem für uns und andere Menschen

- keine grundlegende Verunsicherung vorherrscht und
- Zwang und äußerer Druck keine bedeutende Rolle spielen
- und die Menschen sich nicht allein gelassen
- sich nicht als Versager und
- sich nicht als wertlos – als nicht liebenswert – fühlen.

Das klingt doch gar nicht schlecht, und es klingt vielleicht so gut, dass man heute in seinem eigenen Leben schon damit anfangen könnte – am besten bei sich selbst und den Menschen, mit denen man das Leben teilt.

# 27 Der reife Mensch sagt „Ja" zu sich selbst

„Alles Sch…", stöhnt Martin. „Das Leben behandelt mich schlecht, mein Boss behandelt mich schlecht. Und meine Freundin ist verreist und hat sich seit drei Tagen nicht gemeldet."

Dann klingelt das Telefon. Martin hört die geliebte Stimme. Bis vor wenigen Sekunden war er traurig, besorgt oder ärgerlich. Aber noch bevor er hört, was die Stimme ihm sagt, wird er zu einem fröhlichen, aktiven und lebenslustigen Menschen.

Jeder Mensch kennt aus solchen Erfahrungen die Kraft der positiven Gefühle. Es ist dieselbe Kraft, die wir in uns aufsteigen fühlen, wenn wir ein freundliches Wort hören, eine lange aufgeschobene Arbeit endlich erledigen – und dabei merken, dass sie uns sogar Freude gemacht hat: dabei, während des Tuns, also nicht erst als sie fertig war.

Erkenne dich selbst – das schönste Gedankenspiel

Im alten Griechenland befragten die Menschen in wichtigen Lebenssituationen das Orakel von Delphi. Eine Antwort bekam dort jeder Mensch immer, denn sie war im Tempel des Gottes Apollo – der Gott der Schönheit, nicht Ares, dem Kriegsgott – in Stein gemeißelt: „Erkenne dich selbst."

Wenn Martin diese Frage einmal vor und einmal nach dem Anruf der geliebten Stimme beantwortet hätte – er hätte zwei völlig verschiedene Menschen beschrieben.

Erkenne dich selbst! Der größte Fehler hier ist, in sich hineinzuhorchen und die erste gefühlte „Stimmung" für die wahre zu halten. Wer nach innen horcht, sollte zwei Dinge versuchen:

1. Die sich rascher und sich meist zuerst zeigenden negativen Gefühle „anschauen" und ihre Botschaft richtig verstehen:

- Weisen sie auf ein konkretes Problem hin, sollten wir auf diese innere Stimme hören.
- Versuchen sie aber, uns weiszumachen, dass „alles Sch..." ist – mein Leben, ich als Mensch, die anderen Menschen –, dann handelt es sich um eine Angewohnheit jener inneren Instanzen, die Worte und Gedanken in uns automatisch bilden, vergleichbar mit den automatischen Körperbewegungen wie beim Zähneputzen.
Sie muss man durchstehen, bis sich dahinter die positiven Gefühle zeigen – vielleicht tun sie es erst, nachdem man Spazieren gegangen ist, ein heißes Bad genommen oder gejoggt hat.

2. Statt im Kopf, beim eigenen Grübeln, sollte man die Antwort auf die Frage „Wer bin ich?" lieber bei anderen Menschen suchen. Nicht bei den persönlichen Feinden natürlich, die womöglich noch eine Rechnung mit uns begleichen möchten. Wohl aber bei den Menschen, die uns wohl gesonnen sind. Und das sind alle Menschen, die nichts gegen uns haben, und denen wir freundlich und interessiert begegnen.

Eine gutes Wort, eine Begegnung, ein Telefonat bereits kann aus uns einen neuen Menschen machen.

Positive Selbstgefühle einerseits, vor allem aber Menschen, die uns positiv gegenübertreten, geben uns die richtige Selbsterkenntnis.

Die Extravertierten sind erst einmal im Vorteil

Unser Glück hängt stark von anderen Menschen ab. Was die BIG FIVE der Persönlichkeits-Psychologie (Kapitel 25) angeht, sind hierbei extravertierte Menschen erst einmal besser ausgestattet.

Sie gehen leichter auf andere Menschen zu, finden schneller Kontakt, Kontakt schafft Sympathie – ein Grundgesetz der Sozialpsychologie –, und so haben sie größere Freundeskreise, also einfacher funktionierende Netzwerke, die den Verlust von Familie in der heutigen Zeit kompensieren können – auch: müssen.

Sozialpsychologisch hat auch der Hamburger Psychologe Prof. Peter R. Hofstätter das Orakelhafte am Orakel von Delphi erklärt. „Erkenne dich selbst", heißt auch: Vergiss' dich selbst. Ordne dich ein in die Gemeinschaft der Menschen und in die göttliche Ordnung, folge den guten göttlichen Geboten.

Und hier kommen andere Persönlichkeiten der BIG-FIVE ebenfalls zu Geltung:

- Liebe, Fürsorge, soziales Engagement, Hilfe am Nächsten
- Kontaktfreude, Extraversion
- Fantasie und Offenheit für Neues
- Disziplin, Normverhalten und Ordnung

Wenn man einmal das fünfte der fünf großen Persönlichkeitsmerkmale – Sensibilität, Nervosität – ausnimmt, ist die Meinung berechtigt: Auch von der Persönlichkeitsstruktur her ist der Mensch prinzipiell auf Glück angelegt.

„Sensibilität, Nervosität" bedeutet im ungünstigen Fall leider immer wieder Verunsicherung. Sehr sensiblen Menschen – man kann auch sagen: schüchternen Menschen – ist zu raten:

1. Persönlichkeits-Faktoren sind etwa zu 50 Prozent angeboren. Es gibt also keine persönliche Schuld an der seelischen Grundausstattung, mit der man auf die Welt gekommen ist.
2. Aber die Lebensgestaltung spielt eine genauso wichtige Rolle wie die Gene, was heute gern übersehen wird, weil Genforschung zum Modethema geworden ist. Schüchterne Menschen – und mindestens 80 Prozent aller Menschen kennen Schüchternheit aus Erfahrung, wie der amerikanische Psychologe Prof. Philip Zimbardo sagt – sind also nicht allein mit ihrem Problem.
3. Ein guter Lebensplan kann sein: für Geborgenheit sorgen – nicht unter allen Menschen, um so mehr aber bei den „signifikanten Personen", und dort die besondere Sensibilität zur Geltung bringen. Sensible Menschen sind zum Beispiel die besseren Liebhaber!

„Finde deinen Platz"

Das orakelhafte „Erkenne dich selbst" zielt letztlich ab auf das grundlegende Paradoxon des menschlichen Lebens. Glücklich leben bedeutet: Distanz und Nähe in Harmonie bringen. „Mit sich beginnen, aber nicht bei sich enden, bei sich anfangen, aber sich nicht selbst zum Ziel haben", hat der Philosoph Martin Buber gesagt.

Es geht um die richtige Mischung aus

- Durchsetzung und Anpassung,
- extravertiert und nach außen gewandt und introvertiert, nach innen gewandt sein,
- Empfinden und Empfindlichkeit.

„Praller und platter Individualismus ist nicht der Weg", schreibt der amerikanische Psychologe David Seabury bereits vor 70 Jahren in seiner *Art of Selfishness* (etwa: Die Kunst, ein Egoist zu sein). Seine beiden Grundregeln, mit denen der Mensch am besten für sich selbst sorgt *(„selfishness")* lauten deshalb:

- keine Ego-Aufblähung,
- aber auch keine Kompromisse mit der eigenen Integrität machen.

Dann finden wir den Platz, an den wir gehören und an dem wir uns selbst fühlen und uns dabei wohl fühlen, weil wir mit uns und der Welt im Reinen sind.

Ein kluger „Meister" einer anderen Kultur hat dies einmal einem Wissbegierigen aus unserer Kultur anhand einer einfachen Aufgabe klargemacht. Er hat ihn auf der Patio eines Hauses allein gelassen und gesagt: „Finde deinen Platz."

Der junge Westler hat sich hier hingestellt, dort hingesetzt, sich gut gefühlt, sich dann wieder ungut gefühlt, und einige Tage mit der Übung verbracht – bis er begriffen hatte: den Platz findest du nicht in dir und mit dir allein, sondern nur unter den Menschen.

Behagen oder Unbehagen in der Kultur?

Erich Fromm, dessen (wie er selbst sagt „unwichtigstes") Buch millionen Menschen gelesen haben, *„Die Kunst des Liebens"*, sieht den Menschen ebenfalls in einem grundlegenden Paradoxon verhaftet.

- Der Mensch ist als Mensch isoliert, allein (ins Leben „geworfen", wie es in der Existenzphilosophie heißt).
  Und:
- Der Mensch ist nur Mensch, wenn er Verbindung und Einheit findet.

Fromm: *„Es ist das Paradoxe der menschlichen Existenz, dass der Mensch zugleich Nähe und Unabhängigkeit su-*

chen muss, zugleich die Verbindung mit anderen und das Bewahren seiner Einmaligkeit und Besonderheit."

Nähe und Unabhängigkeit, Verbindung (also immer auch: Anpassung an andere) und Einmaligkeit, Distanz und Verschmelzung – das ist der Stoff, aus dem unsere Träume gemacht sind, und die Albträume auch. Aus diesem Paradoxon ist das Orakel „Erkenne dich selbst" entstanden.

Große Pessimisten unter den denkenden Menschen haben Freude darin gefunden, die negative Sichtweise dieses Paradoxons zu zelebrieren, zu er- und zu verklären.

Der französische Philosoph Jean-Paul Sartre (1905–1980) spricht vom Albdruck des „Ansichseins" und des „Geschehenwerdens", der Nervenarzt Sigmund Freud (1856–1939) vom „Unbehagen in der Kultur", der Soziologe David Riesman von der „einsamen Masse" (1950, revidierte Ausgabe Yale University Press 2001).

Das Unglück des Menschen und des Lebens zu beschreiben ist ein gern geübtes Kunsthandwerk. Gern wird auch etwas Erlösung vom Übel angeboten: Freud zum Beispiel empfiehlt seine Psychoanalyse als Weg von der Lebenskrise zurück zum „ganz normalen Unglück" des ganz normalen Lebens. Allerdings, seine Methode hat nicht ausgereicht, ihm das Behagen des Rauchens zu nehmen. Zigarrenraucher Freud ist an Krebs gestorben.

„Produktiv leben" ist die Antwort

Erich Fromm, ebenfalls Psychoanalytiker, ist bei der Beschreibung von Lebens-Paradox und Lebens-Unglück nicht stehen geblieben: *„Produktivität ist die Antwort auf dieses Paradox"*, sagt er. Was ist gemeint?

Von den Möglichkeiten, die Welt zu begreifen, hebt Fromm zwei heraus: Verstand und Liebe.

Liebe entsteht für ihn, im Buber'schen Sinne einer Ich-Du-Beziehung, in *„Fürsorge für den anderen, Ver-*

antwortungsgefühl für den anderen, Achtung vor dem anderen und wissendem Verstehen".

Achtung vor dem anderen bedeutet Respekt. Dieser Respekt, der erst einmal im Erkennen dessen, was ist, also im Beachten, begründet ist, verzichtet auf Be-herrschen und Verändern im Sinne von Machtausübung.

Dies ist das Wesen einer liebenden Partnerschaft, und dies ist übertragbar auf alle anderen Beziehungen, die der Mensch eingehen kann, speziell auf seine Beziehung zu der Welt mit ihren Menschen, innerhalb derer er produktiv ist. Auch hier wird die paradoxe Situation,

- Nähe und Teilhaftigkeit auf der einen Seite und
- Getrenntheit von der Welt auf der anderen

zu spüren, durch produktives Tun aufgelöst.

Ein Sich-Einlassen ist gefragt, nicht das teilnahmslose Distanzieren von der Welt, nicht das Absorbiert-Werden von der Welt.

28 Leitbilder für eine Wende zum Glück

Zwei Behauptungen über das Glück haben Sie in Kapitel 2 gelesen:

1. *Jeder Mensch trägt „ein Stück vom Paradies" in sich und kann glücklich leben – nicht „in paradiesischer Unschuld" und Geborgenheit, aber glücklicher als geglaubt.*
2. *Jeder Mensch kann das Gefühl für ein glückliches Leben in anderen Menschen wecken. Und Glück ist eine ansteckende Gesundheit – nicht Krankheit.*

Wenn das stimmt, gibt zwei Wege zum Glück – den Weg nach innen und dann aus sich heraus, und den Weg über das Glück, das von anderen Menschen ausgeht und uns glücklicher macht.

Dieses Buch hat versucht, Ihnen acht einfache und nachprüfbare Tatsachen nahe zu bringen. Sie sind hier noch einmal zusammenfassend aufgelistet:

1 **Jeder Mensch kann glücklich sein.** Die Fähigkeiten dazu sind angeboren. Jeder Mensch nutzt sie. Glücklich leben heißt deshalb: Auf diesen Fähigkeiten aufbauen. Und nicht: „Ändere erst einmal dein Leben."

2 **Es gibt drei Arten von Glück.** Diese drei Arten geben uns gute Bilder und Visionen vom Glück – Leitbilder. Aber wer die drei Arten durcheinander bringt, macht sich selbst und andere Menschen unglücklicher als nötig.

Damit man die drei Arten auf einfache Weise auseinander halten kann, habe ich nach drei einfachen einprägsamen Begriffen gesucht:

- **Das schnelle Glück** – das ist.

Leider aber vergeht das schnelle Glück auch sehr schnell. Andere Namen für das schnelle Glück sind:

- *„Das biochemische Glück",* das Glück durch „Glückshormone", durch Endorphine. Es zersetzt sich nach wenigen Sekunden. Leider. Die Natur, der liebe Gott hat es so eingerichtet – weiß der Teufel, warum.
- *„Das chemische Glück",* das Glück durch Medikamente und alle anderen Formen von Drogen. Es kann Stunden anhalten. Danach allerdings kommt naturnotwendig der „Hangover", der Kater. Weil das „chemische Glück" aber eindrucksvoll und überzeugend wirkt, führt es bei zu vielen Menschen zur Sucht, statt zur Suche nach Glück.
- *„Das Glück der guten Gefühle."* Dieses Glück durch Fun und „Good Feelings" hängt oft mit anderen Menschen zusammen, mit Liebe, mit Freundschaft und mit One-Night-Stands. Das Glück der guten Gefühle ist leider „launisch", weil die Menschen nun einmal launisch sind. Leider. Und leider auch wir selbst.

- **Das dauerhafte Glück** – das ist *erlernbar.*

Und das Lernen ist leicht. Hier können wir nämlich auf unseren angeborenen Begabungen zum Glücklich sein aufbauen und sie ausbauen.

- **Das absolute Glück** – das ist eine *Hoffnung.*

Hoffnungen sind immer positiv. Hoffnungen sind immer aber auch Illusionen. Positive Illusionen gehören zum Leben wie die Luft zum Atmen. Aber von Luft allein kann man nicht leben.

3 **Alle noch so brillianten Worte über das Glück machen eher unglücklich als glücklich.** Der einfache Grund dafür ist: Die großen Worte verwirren. Sie geben uns Bilder. Das ist gut. Aber sie sagen nicht, wie wir zum Bildhauer werden.

Grundelement aller dieser Glücksbilder ist, was bereits das bekannteste Sprichwort über das Glück sagt: "Jeder ist seines Glückes Schmied." Es ist in aller Deutlichkeit in folgenden zwei Formulierungen enthalten:

- den "Streben nach Glück", pursuit of happines, das sogar in der Verfassung der USA, der Leitkultur unserer heutigen Welt, verankerte Grundrecht auf Glück und
- dem Wort Friedrichs des Großen: "Jeder soll nach seiner eigenen Fasson selig werden."

In diesen Worten steckt Weisheit – aber sie lassen uns so ratlos wie das Sprichwort "Glück und Glas, wie leicht bricht das", weil sie offen lassen, wie Glückseligkeit zu finden ist.

Soll man es so machen, wie im Märchen von "Hans im Glück"? Auch das kennt jedes Kind. *Hans hatte bei einem Meister in der Fremde gut gearbeitet, sein Meister entlohnte ihn dafür mit einem Klumpen Gold. Hans machte sich zurück auf den Weg nach Haus und tauschte das Gold gegen ein Pferd, das Pferd ...* Sie kennen das Märchen: Als er zu Hause ankam, hatte Hans nichts mehr. Was das Märchen bedeutet? Empfohlen wird der Verzicht darauf, Glück dort zu suchen, wo es uns genommen werden kann.

4 **Glück ist kein IKEA-Schrank.** Jede Montage-Anleitung für das Glück versagt, wenn man nicht das "schnelle Glück" meint, sondern das dauerhafte. Jeder Plan für das Glück versagt – je komplizierter er ist, desto sicherer. Glück ist nichts, was man ein für alle Male aufbauen kann, und dann steht es, vielleicht etwas wackelig, aber es steht. Glück darf, kann und muss immer wieder neu aufgebaut werden.

5 **Das bessere Bild ist: Glück ist ein Apfelbäumchen.** Mit jedem Menschen, der auf die Welt kommt, wird Glück in die Welt gepflanzt: sein eigenes Glück und das Glück anderer Menschen, die sich daran erfreuen und davon ernten können.

Das klingt „philosophisch". Es ist aber ein sehr praktisches und lebensnahes Bild. Ein Bäumchen muss man hegen und pflegen – wie jeden Menschen auch. Und wie das eigene Leben. Zu Recht hat Martin Luther gesagt: *„Lasst uns ein Apfelbäumchen pflanzen"*. Nicht gesagt hat er: Wir müssen eine Obstplantage anlegen und wie in holländischen Treibhäusern möglichst viele und große Äpfel ernten.

6 **Glück ist nicht das Gegenteil von Unglück.** Auch wer Unglück erlebt, und wer sich unglücklich fühlt, kann zugleich Glück erfahren.

Ein Mangel an Nahrung, Geld, Besitz, Kontakt und Aktivität, an Wissen, Erfahrungen, Lebensweisheit, Lebenschancen und Lebenssinn bedeutet Unglück. Das gilt. Aber: Immer mehr davon bedeutet nicht immer mehr Glück.

Da ist das bekannte Wortspiel: *Geld allein macht nicht un-glücklich*. Aber: *Geld allein macht eben auch nicht glücklich*. Unglücklich macht, wenn wir das Maximum suchen – egal, wovon. Glücklich macht, wenn wir das Optimum finden. Reich ist, wer sagt: mir reicht's.

7 **Zum Glück muss man verführen – sich selbst und andere Menschen auch.**

Glück entsteht nicht durch Zwang. Glück entsteht nicht durch Psychotricks oder Psychotechnik, nicht durch Meditation, Mediation, Motivation, nicht durch Ziele und Meilenstein-Pläne.

Verführer haben Ziele und Pläne, Tricks und Techniken – alles, was der Verstand hergibt. Verführern aber gibt der Verstand noch etwas mehr, das gute Wissen, die Sicherheit:

- Es gibt keinen 100-prozentig sicheren Plan. Nur Herausforderungen und Chancen.
- Es gibt kein 100-prozentig richtiges Ziel. Wer sich in ein Ziel vernarrt und verbohrt, dem geht es wie dem unglücklichen Liebhaber, der genau spürt, dass er abgewiesen wird, und dieses Gefühl verdrängt durch Denken und Wollen. Der *Tanz des Lebens* wird so zu harter Arbeit.

Verführer sind keine „Macher", sondern Glücklich-Macher. Sie wollen Glück bringen – sich selbst und anderen Menschen auch. Verführer bauen auf zwei Dinge:

- auf die eigenen Stärken, die eigenen guten Seiten – und nicht auf die eigenen Fehler, Schwächen und Probleme und
- auf die Stärken, die guten Seiten des anderen Menschen – also: auch hier nicht auf die Mängel, die Schwächen, die Probleme.

Wer auf die Krisen baut, macht die Krisen zum zentralen Thema des Lebens – und nicht die Schönheit des Lebens. Wer auf die Stärken baut, stellt sich dem Leben und findet Freude am Leben – gleich, was das Leben fordert oder bringt.

Diese Punkte bestätigen, was jeder Mensch über das Glück weiß. Das ist gut und richtig. Denn dieses Buch wollte zu allererst zeigen, dass jeder Mensch sehr viel – und vielleicht schon ausreichend viel – darüber weiß, was für das Glück wichtig ist. Auch, wenn man immer wieder daran zweifelt.

Als zweites wollte dieses Buch vor einem großen Irrtum schützen. Viele Lehren vom Glück arbeiten nach dem Motto: „Vergiss' alles, was du bisher für richtig gehalten hast. Denn hier kommt die Wahrheit". Dieses Strickmuster findet sich bei vielen Angeboten auf dem Psycho-Markt. Genauere Prüfung zeigt dann aber: Den Stein der Weisen hat noch niemand gefunden. Und die ewige Wahrheit kommt auch nicht zwischen zwei Buchdeckel verpackt auf den Tisch.

Wahr aber ist, dass man für das Glück etwas tun kann und auch tun muss. Einiges in diesem Buch widerspricht dem allgemein akzeptierten Wissen über Glück. Was wir tun können und tun sollten ist: Bisher für richtig gehaltenes Wissen noch einmal überprüfen.

Dies Buch gibt dazu Hilfen. Die vielleicht beste Hilfe ist: Einen Plan für ein dauerhaft von Glückgeprägtem Leben machen.

Nach bisher bestem Wissen besteht er aus den BIG FIVE:

- Geborgenheit
- ein durch die eigene Lebensführung gerechtfertigtes „sich selbst vertrauen"
- ein durch eigene Leistung gerechtfetigtes Selbstwertgefühl
- Entwicklung der Individualität und zugleich
- Sicherung menschlicher Bindung

Was Sie davon gebrauchen wollen, ist Ihre persönliche Entscheidung. Nur: Sich entscheiden — das ist das Einzige, das Sie tun müssen, viele Male am Tag.

Denn viele Male am Tag haben wir die Wahl, uns für oder gegen das Glück zu entscheiden.

Die richtige Entscheidung zu treffen ist, wenn Sie so wollen, „das Erfolgsprogramm" dieses Buches.

Literaturverzeichnis

Allport, Gordon: *The Nature of Prejudice*. Addison Wesley Publishing 1979.

Allport, Gordon: *Personality*. London 1938

Arendt, Hannah: *Eichmann in Jerusalem. Ein Bericht von der Banalität des Bösen*. Piper, 1986.

Branden, Nathaniel: *Die sechs Säulen des Selbstwertgefühls. Erfolgreich und zufrieden durch ein starkes Selbst*. mvg, 2002.

Buber, Martin: *Den Menschen erfahren*. Gütersloher Verlagshaus, 2000.

Carnegie, Dale: *How to win friends and Influence people*. Simon & Schuster (Cardinal Edition), 85. Auflage, 1968 (deutsch: *Wie man Freunde gewinnt. Die Kunst, beliebt und einflußreich zu werden*. Scherz, 2000).

Csikszentmihalyi, Michaly: *Flow: Das Geheimnis des Glücks*. Klett-Cotta, 2001.

Csikszentmihalyi, Michaly: *Lebe gut. Wie Sie das Beste aus Ihrem Leben machen*. DTV, 2001.

Damasio, Antonio: *Ich fühle, also bin ich. Die Entschlüsselung des Bewusstseins*. List Verlag 2000.

Diener, Ed: *Culture and Subjective Well-Being*. MIT Press, 2000.

Ellis, Albert: *Training der Gefühle. Wie Sie sich hartnäckig weigern, unglücklich zu sein*. mvg, 2000.

Fredrickson, Barbara L.: Cultivating Positive Emotions to Optimize Health and Well-Being. *Prevention & Treatment*, Vol. 3, Article 0001a, 2000.

Fromm, Erich: *Die Kunst des Liebens*. Ullstein TB-Verlag, 2001.

Fromm, Erich: *Vom Haben zum Sein. Wege und Irrwege der Selbsterfahrung.* Beltz 1994.

Gardner, Howard: *Abschied vom IQ. Die Rahmen-Theorie der vielfachen Intelligenzen.* Klett-Cotta 1997.

Hofstätter, Peter R.: *Persönlichkeitsforschung.* Alfred Kröner Verlag, 1977.

Keen, Sam: *What to do when you're bored and blue.* Wyden Books, 1980.

Keen, Sam: *Wider die Leere in unserer Zeit. Eine praktische Philosophie für den Alltag.* Lübbe, 1998.

Keen, Sam: *Das Chaos der Liebe. 16 Schlüsselelemente für unser zentrales Lebensgefühl.* Lübbe, 2000.

Langenscheidt, Florian und Gabriele: *1.000 Glücksmomente.* Heyne 1991.

Mack, Gary / Casstevens, David / Rodriguez, Alex: *Mind Gym.* Contemporary Books 2001.

McDougall, William: *Social Psychology.* P. G. Putnam's Sons, 1908.

Marcuse, Ludwig: *Philosophie des Glücks.* Diogenes, o. A.

Michalos, Alex: *Global Report on Student Well-Being: Life Satisfaction and Happiness.* 1991.

Myers, David G.: *The Pursuit of Happiness. Discovering the Pathway to Fulfillment,* Well-Being, and Enduring Personal Joy. Avon Books 1993.

Otter, Robert L.: *Trotzdem glücklich. Sorgen sind ein Teil vom Glück.* mvg, 2001.

Padus, Emrika: *Emotions and your health.* Rodale Press 1992

Reich, John / Cunningham, Laurence S.: Culture and Values: *A Survey of the Western Humanities.* Harcourt Brace College Publishers, 1997.

Reiss, Steven: Secrets of Happiness. *Psychology Today,* 1/2001.

Riesman, David / Glaser, Nathan / Denney, Reuel / Gitlin, Todd: *The Lonely Crowd.* Yale University Press 2001.

Rogers, Carl: *Der neue Mensch.* Klett-Cotta, 1997.

Rogers, Carl: *Die klientenzentrierte Gesprächspsychotherapie.* (Geist und Psyche). Fischer TB-Verlag, o.A.

Sartre, Jean-Paul: *Das Sein und das Nichts.* Rowohlt 1993.

Seabury, David: *Art of Selfishness.* O.A.

Seligman, Martin E.P.: *Pessimisten küßt man nicht. Optimismus kann man lernen.* Droemer-Knaur, 1993

Seligman, Martin E.P.: *Erlernte Hilflosigkeit.* Beltz 1999.

Sheldon, Kennon M. et al.: What is Satistying about satisfying events? *Journal of Personality and Social Psychology,* vol. 80, no. 2, 325-339, 2001.

Watzlawik, Paul: *Anleitung zum Unglücklichsein.* Piper 1988.

Winterswyl, Ricards: *Das Glück. Eine Spurensuche.* C.H. Beck, 1995.

Zimbardo, Philip: *Psychologie.* Springer-Verlag, 2000.

Stichwortverzeichnis

A

Aberglaube 42 f.
Ärger 33
Alkohol 65
Amulett 43
Angst(-) 33, 62, 67, 79, 133, 146, 150 ff
  -training 151
Arbeit(s-) 68 f.
  -leben 164
Autonomie 182 f., 192, 194, 198, 200

B

Balance 25
Ballast 175
Beglückung 113
Besserwisser 125
Bewusstsein(s-)
  -forschung 23
  -Psychologie 32
  -zustand 131

D

Denken
  , – automatisches 131, 191
  , – kreatives 131, 191
  , – logisches 131, 191
Depression 35, 72 f., 133
Droge 65, 137, 158 ff., 210

E

Ehe 55
Eifersucht 34 f.
Entspannung(s-)
  -technik 151
  -übung 26, 28

Erfahrung 179
Erleuchtung 85 f., 93

F

Fitness 79 ff., 185, 187
Flow 131 ff., 139 f., 146

G

Geborgenheit 38, 92, 146, 192 f., 196 f., 199 f., 205, 214
Gedanke, romantischer 119
Gefühl(s-)
 -bild 33, 48
 -palette 20
Glaube 42 f.
Glück(s-)
 , – absolutes 210
 , – dauerhaftes 210
 , – schnelles 210
 -bringer 17, 42 f.
 -erfahrung 76, 98, 105, 183 f.
 -faktor 181 f.
 -garantie 15
 -hormon 23, 137
 -Killer 184
 -kind 182

H

Harmonie 23, 45, 47 ff., 143, 146, 205
Heilkraft 60
Herz zeigen 69
Horoskop 42

I

Individualismus 95 ff.
Intelligenz(-)
 , – emotionale 190
 -forschung 189 ff.
Intention 48, 134, 171, 191
Intuition 33, 131

J

Jogging 72, 78

K

Kompetenz 182 f., 192 ff., 197, 199
Kontakt 58
Körper(-)
 -gefühl 72
 -Glück 74

L

Lachen 161Moral 162
Laune, schlechte 22, 24 ff.
Lebenskunst 136, 140
Lebensplan 166 ff., 173 ff., 185, 194 f., 197, 199, 205
Lehrmeinung 126
Liebe 189, 207
Lifestyle 186
Lotto 42 f.
Lust(-) 75 f., 185
 -prinzip 75, 162 f.
Luxus 185, 187

M

Meditation 26, 36, 29, 212
Moral 66, 127 f.
Motivation(s-) 140, 189, 194, 212
 -forschung 191
MUSSturbation 150

N

Naturheilmethode 22, 26
Naturheilmittel 36
Nervosität 24 f., 28 f.
Nirwana 45
NLP 44
Null Bock 73

O

Opferlamm 20
Optimismus 63, 70
Optimist 108

P

Paradies 15, 37, 45, 47, 209
Persönlichkeitsforschung 189, 191
Pessimist 108
Power Walking 72
Psychologie, Positive 13, 62, 82, 90, 187 f.

R

Reaktionsprogramm 34
Reframing 44
Relaxation, progressive 28
RET, Rationale-Emotive Therapie 151 f.

S

Schüchternheit 79
Seele(n-) 135
 -frieden 81
 -nahrung 28
 -tröster 160
Selbst(-)
 -erkenntnis 203
 -Erziehung 201
 -motivation 140
 -ständigkeit 59
 -vertrauen 181, 194, 200, 214
 -verwirklichung 95 f., 185, 187
 -wertgefühl 92, 148 f., 182 f., 192 f., 197, 199 f., 214
Sex 161
Spirituelles 135
Stimmung 135 f.
 , – negative 23 ff.
 , – schlechte 22
Störfaktor 143, 146

Stress(-) 31, 53, 78, 174
-hormon 23

T

Talisman 43
Tat, gute 64
Therapie 90
Trauer 35, 62, 67, 79, 133, 146
Traum, amerikanischer 186, 188, 198 f.
Trieb 74, 135 f., 191
TV-Konsum 160

U

Unglücklichsein, Anleitung zum 183
Unglück(s-)
 -erfahrung 183
 -gefühl 20
Unlustgefühl 162
Urgewalt 19
Ur-Vertrauen 192 f.

V

Versager 184

W

Wegweiser 127
Wellness 56, 81, 187
Weltverbesserung 97
Wohlfühlliste 144

Z

Zufall(s-) 132
 -produkt 111, 114
Zugehörigkeit 181 ff., 192, 194, 198
Zweifel 38

Der Leitfaden für Träumer

Wir alle haben Wünsche, Träume und auch Potenziale, die nur darauf warten, realisiert zu werden. Dieses Buch unterstützt Sie mit konkreten Strategien dabei, herauszufinden, was Sie wirklich suchen, und Ihr Ziel auch wahr zu machen – für große genauso wie für kleine Träume!

ca. 192 Seiten, Taschenbuch
ISBN 3-478-08869-0

Der gute Draht von Anfang an

Ob es „clickt", „funkt" oder „kracht": Der erste Eindruck bleibt meist haften. Nicholas Boothman zeigt hier, wie man sich gleich bewusst auf die Wellenlänge des anderen einstellt, so Menschen auf Anhieb sympathisch ist und gute Kontakte knüpfen kann. Für mehr Spaß und Erfolg!

ca. 176 Seiten, Taschenbuch
ISBN 3-478-08885-2

Jetzt bei Ihrem Buchhändler!

 www.mvg-verlag.de
Postfach 50 06 32
80976 München

Folgen Sie Ihrer Berufung!

Plagen Sie sich auch – wie so viele Menschen – mit einem ungeliebten Job herum? Das zehrt an Ihren Kräften und frustriert Sie? Kein Wunder! Denn nur wer sein (Arbeits-)Leben in Einklang mit seinen Talenten, Leidenschaften und Werten führt, erlangt mehr Zufriedenheit, Glück und Erfüllung und damit sind auch Erschöpfung und Niedergeschlagenheit passé.

Wenn Sie einfach nicht wissen, was Sie lieber tun würden, hilft Ihnen dieses Buch. Anhand einfacher Übungen und zahlreicher inspirierender Fallbeispiele zeigen die Autoren Ihnen, wie Sie Ihre eigene Berufung finden, sich Ihre Träume erfüllen und echte Befriedigung erfahren.

ca. 208 Seiten,
gebunden mit Schutzumschlag
ISBN 3-478-73360-X

Jetzt bei Ihrem Buchhändler!

www.mvg-verlag.de
Postfach 50 06 32
80976 München